W0386374

LE GUIDE DU BON SENS

ou

Comment rapprocher
les citoyens et l'administration

JEAN-PAUL DELEVOYE
Médiateur de la République

LE GUIDE DU BON SENS

ou
Comment rapprocher
les citoyens et l'administration

COLLECTION
DOCUMENTS

le
cherche
midi

© le cherche midi, 2005.
23, rue du Cherche-Midi, 75006 Paris.

Vous pouvez consulter notre catalogue général et l'annonce
de nos prochaines parutions sur notre site Internet : cherche-midi.com

INTRODUCTION

Le Médiateur au service des citoyens

Quel est le rôle du Médiateur de la République ? Quelle est la place de cette institution, irremplaçable et pourtant méconnue, dans le paysage institutionnel français ? Comment tente-t-elle concrètement de résoudre les incompréhensions, les malentendus et les désaccords entre les citoyens et l'ensemble des services publics ?

C'est l'ambition de cet ouvrage que d'essayer de répondre à ces questions, en présentant des cas concrets de problèmes administratifs, assortis de commentaires et de conseils. Ces différents cas sont réels et ont fait l'objet de réclamations auprès du Médiateur de la République. Ils peuvent être simples, ils sont souvent inextricables, ils ont parfois des conséquences personnelles et humaines dramatiques. Après avoir tenté de les résoudre par les voies habituelles, les plaignants se sont adressés, en désespoir de cause et en dernier recours, au Médiateur.

*

« Nul n'est censé ignorer la loi », dit l'adage. Ce n'est, bien évidemment, plus possible. Nos sociétés évoluent très vite, à mesure que les progrès techniques bouleversent notre façon de vivre, de communiquer et de travailler. Certes, sur le plan des relations personnelles, nous fonctionnons de plus en plus sur le mode du réseau, qui est informel et convivial, et moins sur celui du système, organisé et hiérarchique. Mais l'information que nous recevons est dominée par l'image, l'apparence, le spectacle ; nos débats publics le sont par les émotions collectives qui poussent à juger ou à légiférer dans l'urgence et sous la pression médiatique. La nécessaire réflexion le cède souvent à la précipitation et à l'absence de précaution. Les rythmes de vie s'accélèrent, on attend de chacun une efficacité et un rendement accrus et immédiats. Face à un matérialisme omniprésent, les valeurs traditionnelles, morales ou religieuses, perdent de leur force. La personne humaine se résume trop souvent à sa dimension économique de producteur et de consommateur.

À cette évolution, qui ne peut conduire qu'à la montée de l'individualisme et de l'égoïsme, et au repli sur les cercles restreints de la famille, des proches, et des communautés, les discours politiques peinent à répondre. Dans des sociétés atomisées où chacun pense, d'abord, à la défense de son intérêt personnel ou des intérêts de son groupe, avant de se préoccuper du bien commun, les desseins collectifs et les ambitions nationales n'emportent plus aussi facilement l'adhésion. La loi court le risque d'être mise de plus en plus au service d'intérêts particuliers et sectoriels. Confronté à une société faite de l'addition d'intérêts contradictoires, le législateur s'efforce de répondre à chaque situation particulière par un acharnement législatif et une inflation de textes, de lois et de règlements, au lieu de rechercher l'intérêt général. À ce compte, la loi court le risque d'être de moins en moins comprise, admise et respectée. Or, la seule force de la loi ne suffit pas et son application peut créer des situations d'injustice. Il ne s'agit pas seulement d'imposer, mais aussi d'expliquer et de convaincre, d'« humaniser » les rapports entre gouvernants et gouvernés. C'est au prix de cet effort qu'on pourra réconcilier la loi – plus précisément, les pouvoirs publics chargés de l'appliquer – et les citoyens.

La médiation est une des réponses trouvées pour lutter contre ces dérives des sociétés modernes.

Qu'est-ce que la médiation ?

Agir en médiation, c'est d'abord se placer dans la position d'un *tiers-acteur*. La médiation se distingue, en cela, d'autres modes de résolution alternative des conflits, tels que l'arbitrage. La décision d'un arbitre s'impose en effet aux parties qui ont eu recours à lui ; elles ont voulu que leur différend soit tranché par lui et accepté, par avance, de se plier à son verdict. Le médiateur, lui, après s'être employé à renouer le dialogue, cherche à faire émerger une solution qui soit acceptable par les parties sans leur être imposée. Il leur *recommande* une voie d'issue à la crise ou au différend en leur laissant la responsabilité de s'y engager. Il recherche un résultat qui, certes, ménage les intérêts en présence mais il est avant tout sensible à l'équité, au bon sens et à une certaine justice « naturelle ».

C'est dans cet esprit qu'agit le Médiateur de la République.

Autorité indépendante, il est extérieur à l'administration, il est libre dans ses propos et dans ses actes ; autorité morale, guidée par le souci de déterminer avant tout ce qui est juste ou injuste, ses recommandations ne sont pas des décisions et ne sont ni susceptibles de recours ni obligatoirement exécutoires ; garant de l'État de droit et agissant dans le cadre strict de la loi, il peut en demander la non-application dans tel ou tel cas particulier. Il est, enfin, impartial. Il n'est pas, et se refuse à être, l'avocat du citoyen ou le procureur de l'administration.

L'institution du Médiateur, d'origine scandinave, est loin d'être propre à la France. De telles autorités existent à l'étranger sous des noms et avec des compétences différents selon les pays et les expériences historiques. On parlera de « Médiateur » ou de « Protecteur du Citoyen » dans les pays de langue française, de « Défenseur du Peuple » en Amérique latine et, ailleurs, le plus souvent, d'*« Ombudsman »*. Mais ces institutions ont toutes des points communs.

Avant tout, l'impartialité, car le médiateur doit être étranger aux parties en présence et n'avoir pas d'intérêt direct dans ce qui les oppose. Dans le cas des conflits entre administration et citoyens, l'*Ombudsman* ou l'institution médiatrice doit donc être indépendante de tout pouvoir politique ou des intérêts particuliers. Qu'il soit élu ou nommé, le médiateur est avant tout une personne libre, ne recevant aucune instruction d'aucune autorité et dont le mandat est irrévocable et le plus souvent non renouvelable.

La médiation suppose ensuite la bonne volonté des deux parties en cause : l'administration doit être disposée à reconnaître, le cas échéant, qu'il y a eu erreur ou dysfonctionnement. Une culture administrative faite d'opacité, d'arrogance et de certitudes ne supporterait pas l'action d'un *Ombudsman*.

La médiation, enfin, et c'est ma conviction personnelle, ne doit pas avoir pour seul but de résoudre un conflit particulier. Elle doit se proposer, chaque fois qu'il se peut, de recréer du lien social. Le Médiateur ou l'*Ombudsman* agissent certes dans un cadre juridique donné – ils ne peuvent se substituer au législateur ou au gouvernement –, mais ils ne doivent pas s'interdire de dénoncer ce qui leur semble injuste, inéquitable ou simplement contraire au bon sens.

Ce pouvoir, ou plutôt ce *devoir* d'interpellation est essentiel.

L'expérience française de la médiation institutionnelle a maintenant plus de trente ans. C'est assez pour en dresser le bilan, pour en tirer les leçons.

Les discussions qui ont eu lieu en France en 1973, au moment du vote de la loi instituant un Médiateur de la République, étaient passionnées. Malgré l'ancienneté des modèles scandinave et anglo-saxon, qui avaient fait leurs preuves, l'utilité d'une telle institution était controversée. Elle n'était pas dans la tradition française ; les juridictions administratives étaient là pour assurer la défense du citoyen contre les erreurs et les abus de l'administration ; la crainte existait qu'un *Ombudsman* ne s'aventurât sur le terrain mouvant et vague de la défense des libertés individuelles et des droits de l'homme ; il pouvait, enfin, se révéler un contrôleur tatillon et un censeur des actes administratifs.

Il y avait pourtant, déjà, la prise de conscience qu'une telle institution était nécessaire. Pierre Messmer, le Premier ministre de l'époque, l'avait dit lors de sa déclaration de politique générale du 3 octobre 1972 : « L'opinion, irritée par l'inertie ou l'anonymat de certains mécanismes administratifs, apprécierait l'existence d'un pouvoir de redressement et de régulation... » Et il ajoutait : « Sans condamner, sans ordonner, le Médiateur devra, au besoin avec le concours des corps de contrôle, redresser, orienter, accélérer ce qui, sans lui, ne trouverait pas de solution. »

C'est exactement le rôle que l'institution joue depuis trente ans, tout en s'adaptant progressivement à des circonstances et à des besoins nouveaux. Le législateur, en effet, a su à la fois limiter les compétences et les champs d'intervention du Médiateur de la République et le faire avec suffisamment de souplesse pour permettre des évolutions ultérieures. Dans un premier temps, le Médiateur français a eu un rôle d'acteur dans la modernisation de l'appareil d'État. Intercesseur gracieux entre le citoyen et les administrations, il relevait les dysfonctionnements et vérifiait si l'organisme objet d'une plainte s'était, ou non, conformé à la mission de service public dont il avait la charge.

Puis sa mission s'est élargie à mesure que son utilité était vérifiée. D'abord par la mise en place de délégués, présents dans l'ensemble du territoire, et qui ont sur le terrain, au plus près des administrés, un rôle essentiel d'écoute et de conseil, facilitant l'accès au droit. Ensuite par l'introduction de la notion d'*équité*, qui permet au Médiateur non plus seulement de relever les mauvais fonctionnements de services publics, mais aussi de recommander à une administration de suspendre la stricte application des lois, quand elle est susceptible de créer, dans tel ou tel cas particulier, une injustice flagrante.

C'est une des originalités de l'institution française : il est des cas, non prévus ou non voulus par le législateur, où l'application d'un texte crée une inégalité ou une iniquité flagrante pour un citoyen ou un groupe de citoyens ; le Médiateur peut demander à l'administration, sans remettre en cause le bien-fondé de la loi, de ne pas l'appliquer dans ces cas précis. Sa mission a également été élargie par la possibilité qui lui est reconnue de suggérer des mesures visant à la simplification, l'adaptation et l'humanisation des lois et règlements. Par ce pouvoir de proposer des réformes, le Médiateur de la République française dispose d'un moyen d'agir efficacement pour la modernisation de l'administration et pour sa proximité avec les citoyens.

Le Médiateur, enfin, a de plus en plus un rôle important de « vigie » en matière de droits de l'homme, aux côtés des associations et des organisations non gouvernementales. Les progrès de la science, en particulier dans le domaine des communications et des biotechnologies, posent des questions nouvelles quant à l'intégrité, l'intimité et la dignité de chacun. Les menaces terroristes nous obligeront également à devoir arbitrer, de plus en plus souvent, entre sécurité et liberté individuelle. Dans leur définition comme dans leur mise en œuvre, les droits de l'homme sont un domaine en pleine évolution où le Médiateur, là aussi, peut faire « bouger les lignes ».

Plus de trente ans après sa création, l'institution française du Médiateur est acceptée et reconnue par l'administration et les pouvoirs publics. Mieux, elle est considérée comme une autorité morale indépendante dont les avis comptent et dont les recommandations sont le plus souvent suivies par l'administration alors même que celle-ci n'y est aucunement obligée. C'est dire le chemin parcouru depuis les premiers tâtonnements des années 1970.

Faut-il pour autant se satisfaire de ce bilan ?

À l'évidence, non.

Non, parce qu'il s'agit de répondre aux attentes de millions de nos concitoyens, de plus en plus fragilisés dans leur vie quotidienne et démunis dans leurs rapports avec des pouvoirs publics dont ils peinent à comprendre le fonctionnement. Non, parce qu'il faut contribuer au dialogue entre les populations et les pouvoirs démocratiques qu'elles ont élus, parce qu'il faut réconcilier citoyens et politique, au sens le plus noble de ce terme. Non, parce que la vie devient plus difficile, les lois et les règlements toujours plus complexes, et que le fossé semble s'élargir entre sphère publique et « société civile ».

Il y a donc une nécessité de rapprocher les citoyens de l'administration, de les réconcilier avec l'action publique, de retisser entre eux les liens sociaux et de leur redonner la conviction qu'ils sont partie prenante de cette communauté de destin qui définit une nation. Et cette nécessité, tout le montre, n'a jamais été aussi pressante. La relativisation du civisme et des repères moraux qui permettent la vie en communauté, la montée des égoïsmes, le « consumérisme » politique, la désyndicalisation, tout concourt à affaiblir le désir de « vivre ensemble » et d'adhérer à un dessein collectif, à un projet commun de société. C'est la viabilité même de notre démocratie qui est en cause.

Il y a urgence, et cette urgence crée une responsabilité pour le Médiateur de la République d'agir, à son niveau, afin de revitaliser le contrat social.

Quelle confiance, en effet, les citoyens peuvent-ils accorder à la loi quand ils la ressentent comme inéquitable ? Quand son application semble inégalitaire ? Quand les textes sont peu compréhensibles ou inapplicables ? Quand la loi, pour tout dire, en vient à être ressentie comme *injuste* ?

Citons quelques exemples, parmi beaucoup d'autres, de ces cas de dysfonctionnement administratif qui gâchent la vie quotidienne de nos concitoyens, les déconcertent, les irritent, et peuvent finir par miner la foi en la justice, la confiance dans les services publics et l'adhésion à la légalité et à l'État de droit :

– Est-il juste qu'un citoyen français, et normalement considéré comme tel toute sa vie – jusqu'à avoir été appelé sous les drapeaux –, doive justifier avec tant de difficultés sa nationalité parce qu'il est né à l'étranger ou dans un territoire ayant accédé depuis à l'indépendance ?

– Est-il juste que quelqu'un soit arrêté parce qu'il roule dans un véhicule volé à l'étranger alors qu'il l'a acheté de bonne foi et que l'administration française, faute d'accès aux fichiers européens, lui en avait délivré tous les documents nécessaires ?

– Est-il juste que le législateur prévoie des aides, en matière de logement par exemple, pour les plus démunis et que des dispositions réglementaires viennent en limiter la portée ?

– Est-il juste qu'un contrevenant présumé soit mis en demeure de payer d'abord l'amende, ce qui lui interdit ensuite toute voie de recours contre la condamnation dont il est l'objet ?

Ces questions, et tant d'autres, sont quotidiennement soumises au Médiateur de la République ; il entend les porter aussi à la connaissance du pouvoir politique, parce que c'est son devoir.

On aurait tort de penser qu'elles sont subalternes, et que chacun des problèmes qui viennent d'être évoqués – il s'agit là de cas individuels dont j'ai été saisi – n'est qu'un dysfonctionnement administratif bien modeste au regard des défis auxquels notre pays et notre société sont confrontés. Car ces problèmes, des dizaines, des centaines de milliers de nos compatriotes les vivent, je devrais dire les subissent, quotidiennement. Quand ils touchent les plus fragiles, les plus pauvres ou les moins formés de nos compatriotes, ils viennent s'ajouter à la précarité sociale et aux incertitudes économiques. Cette situation n'est pas acceptable et il faut la dénoncer.

La loi a pour objet la défense de l'intérêt général, mais j'ai aussi la faiblesse de penser qu'elle existe pour corriger certaines inégalités et, en particulier, protéger les plus faibles. Mon expérience de ces derniers mois m'a fait comprendre à quel point l'empilement des structures, la complexité et l'opacité de la machinerie administrative, le foisonnement des textes, et jusqu'à un vocabulaire technocratique que personne ne comprend, empêchait le citoyen de se sentir *protégé* par la loi. À travers les réclamations adressées au Médiateur, c'est l'image d'une certaine société qui se dessine : une société en manque de repères et qui s'interroge sur ses valeurs, une société au bord de l'explosion, marquée par le doute, l'égoïsme, le repliement sur soi, marquée par la violence croissante des rapports, aussi.

Il est urgent de redonner à cette société, la nôtre, confiance en la loi. Il est urgent de restaurer l'*autorité* de la loi, de réhabiliter, aussi, les règles de la vie commune et la croyance en un dessein collectif.

Le Médiateur s'y emploie, dans la mesure de ses moyens et des compétences que lui donne la loi.

Il faut d'abord, pour cela, une méthode, faite d'écoute mutuelle, de compréhension, de pédagogie et de transparence.

Le citoyen a trop souvent l'impression que ses arguments ne sont jamais pris en compte, alors que l'administration est beaucoup plus souvent qu'on ne croit disposée à reconnaître qu'il y a eu erreur ou dysfonctionnement de sa part. À l'inverse, le citoyen n'a pas forcément raison parce qu'il se plaint ; mais il comprendra et acceptera d'autant mieux la décision prise à son encontre qu'elle lui aura été expliquée. Rien n'est pire que l'absence de réponse ou de réaction qui caractérise trop souvent, hélas, la pratique administrative.

Il y faut aussi une volonté : celle d'utiliser pleinement les compétences et les pouvoirs dont on dispose. En proposant des réformes, par exemple. Les nombreuses plaintes individuelles dont le Médiateur est destinataire sont autant d'occasions de déceler le mauvais fonctionnement d'un service, l'inadaptation d'une mesure, un oubli dans un texte législatif. La loi du 12 avril 2000 lui permet désormais d'exercer de sa propre initiative ce pouvoir, et j'entends l'utiliser pleinement. Cette capacité d'action réformatrice est essentielle. Il ne s'agit pas, bien évidemment, de se substituer au législateur en allant contre son souhait ou en tentant de détourner l'esprit d'une loi qu'il a voulue. Il s'agit, bien au contraire, de faire en sorte que sa volonté soit pleinement respectée, parce que c'est le sens même d'une démocratie représentative.

La loi ne peut tout prévoir ; il est même souhaitable qu'elle n'ait pas cette prétention, et le pouvoir réglementaire est d'ailleurs là pour fixer, dans leur détail, les modalités d'application d'une loi. Les « angles morts » du champ d'application d'un texte, ses conséquences inéquitables ou quelquefois perverses, n'apparaissent souvent que lors de sa mise en œuvre. Le Médiateur en a connaissance par les dossiers individuels qui lui sont soumis et qui lui permettent de prendre conscience, presque en temps réel, de la nécessité de préciser, d'affiner ou au besoin de corriger la loi, sans la trahir. Car s'il est un défi, en ces temps d'inflation législative, c'est bien celui de l'évaluation des conséquences des politiques publiques. Le législateur, quelle que soit sa couleur politique, a toujours le sentiment d'agir pour le bien commun. Il veut corriger des injustices, répondre à des difficultés nouvelles, organiser, rationaliser, prévoir. Il souhaitera par exemple un dispositif de protection sociale accrue pour faire face à la précarisation et au chômage de longue durée ; mais ce dispositif pourra avoir dans certains cas la conséquence inattendue de favoriser l'assistanat et de décourager le travail. A-t-il la volonté de protéger les enfants isolés, désir légitime s'il en est ? Les textes seront aussitôt mis à profit par des réseaux de passeurs et des trafiquants d'êtres humains.

C'est dire que, par sa capacité de proposer des réformes, le Médiateur a un rôle essentiel à jouer dans l'évaluation des comportements induits par les décisions politiques.

Le Médiateur peut également user, et le fait chaque fois que c'est nécessaire, des pouvoirs d'inspection et de sanction qui lui sont reconnus. Il ne s'agit pas, encore une fois, de jouer les procureurs ou les accusateurs mais de rechercher, dans l'intérêt commun de l'administration et du citoyen, les moyens de corriger les mauvais comportements et d'avoir des services publics encore plus efficaces.

Le Médiateur de la République peut avoir un pouvoir d'influence important, à condition qu'il l'utilise. Il ne doit pas hésiter à susciter le débat public quand c'est nécessaire, comme dans le cas des mariages forcés, ou celui du risque de détournement de notre système de protection juridique de curatelle et de tutelle. Il ne doit s'interdire ni de réfléchir sur les droits des handicapés ni d'expérimenter de nouveaux dispositifs – comme la présence de ses délégués dans les prisons – quand il estime que le principe de l'accès aux droits doit être absolument préservé. Il lui est impossible de rester à l'écart de ce qu'on appelle les « débats de société » : ils sont sans cesse présents dans les dossiers qui lui sont soumis. Il peut donc, il doit même, s'en emparer quand il estime que les tabous, ou l'absence de débats, sont préjudiciables aux liens sociaux. Il doit enfin entretenir, dans la durée, des relations constructives, empreintes de respect mutuel et de confiance, avec les administrations et les services publics, les parlementaires, les gouvernements. Il ne doit pas se substituer aux pouvoirs publics, mais il lui revient de les alerter, d'éclairer leurs choix, de prévenir les conséquences indésirables ou injustes de telle mesure, de suggérer les modifications qui pourront y être apportées.

Nous n'avons pas à rougir de la qualité des services publics français. Un effort extraordinaire de modernisation et d'adaptation a été mené par l'administration ces dernières années, qui n'est d'ailleurs pas salué suffisamment. Les femmes et les hommes qui y servent sont généralement remarquables, et par leurs compétences et par leur sens de l'État et du service public. Ils travaillent souvent dans des conditions difficiles, et sont les premiers à vouloir qu'elles évoluent, dans leur intérêt comme dans l'intérêt du public. Ils sont les premiers à avoir conscience des dysfonctionnements structurels et à désirer qu'il y soit remédié. Ils sont les premiers, enfin, à souhaiter des instructions claires, données par un pouvoir qui allie autorité, volonté politique et sens des responsabilités. C'est avec eux, dans leur intérêt et dans celui de nos services publics, qu'il faut travailler à améliorer encore le fonctionnement de l'administration.

Les différents cas présentés et commentés dans cet ouvrage ne dressent pas l'acte d'accusation des fonctionnaires et des services publics. L'humour présent çà et là n'a pour fonction que de souligner l'incroyable complexité des situations que l'administration a à traiter, à la mesure d'une société dont le fonctionnement devient, lui aussi, toujours plus compliqué. Ces cent cas dessinent aussi un constat : celui d'une société déboussolée par cette complexité, inquiète et incertaine de ses valeurs. D'une société qui a globalement soif de justice, mais dont chacun des membres est tenté d'utiliser les règles communes à des fins personnelles. D'une société où les relations sont de plus en plus marquées par la conflictualité et où la force du droit semble le céder, parfois, aux rapports de forces.

Il y a des histoires personnelles et des trajets humains derrière chacun de ces cas, même s'ils sont le plus souvent décrits avec la distance et l'austérité propres au langage juridique. Car ce ne sont pas que des « dossiers » à traiter. Le Médiateur sait bien ce qu'ils ont pu représenter, pour chaque citoyen confronté à la complexité administrative, de peines, de soucis, de jours d'inquiétudes et de nuits sans sommeil. Ce sont des éclats de vie, et on sait que les éclats peuvent blesser, cruellement.

Notre seul souci doit être de tout faire pour que les liens sociaux, le respect des lois et la confiance en la démocratie n'en soient pas, eux aussi, atteints.

LES HISTOIRES ET LES COMMENTAIRES DU MÉDIATEUR

1. Accident de la route

Pour qu'une sanction financière ne s'ajoute pas au chagrin.

En 1987, M. et Mme Rivière [1] perdent leur fils Denis dans un accident de voiture. C'est Denis qui conduisait le véhicule responsable de l'accident. Son passager, un jeune homme qui effectue son service militaire, est blessé et hospitalisé. Mais l'assureur du véhicule refuse de faire jouer les garanties, estimant que le contrat d'assurance est entaché d'irrégularité. Il a en effet été souscrit au nom de M. Rivière, alors que la voiture appartenait à Denis. Au terme de dix années de procédure judiciaire, tous les recours épuisés, la nullité du contrat d'assurance est prononcée définitivement : M. Rivière, en 1987, avait laissé entendre qu'il possédait la carte grise du véhicule, ce qui est assimilé à une fausse déclaration.

Le ministère de la Défense, qui avait pris en charge les frais d'hospitalisation, les soins médicaux et le versement de la solde du jeune militaire blessé pendant son indisponibilité, tente alors de recouvrer son préjudice auprès de M. Rivière, père de la victime.

1. Dans cette histoire comme dans toutes les autres, les noms des personnes ont été changés.

Les parents de Denis se voient ainsi réclamer le remboursement d'une somme de plus de 46 818 €.

Incapables de faire face financièrement, ils saisissent le Médiateur de la République. Celui-ci parvient à faire réexaminer le dossier sur un plan humain. Tenant compte de la douleur déjà subie par cette famille, de l'ancienneté des faits, de l'âge et de la situation économique de M. et Mme Rivière, le ministère de la Défense accepte, à titre exceptionnel, de renoncer au recouvrement de la dette.

Le commentaire du Médiateur

Le ministère de la Défense avait juridiquement raison... mais humainement et moralement tort. L'équité prend ici toute sa valeur. C'est elle qui a guidé la proposition du Médiateur de la République de renoncer au recouvrement sur une famille éprouvée. Cette affaire doit d'autre part inciter les compagnies d'assurances à mieux informer les contractants sur les risques auxquels ils s'exposent lorsque conducteur et assuré sont deux personnes différentes. Et inviter les assurés à mieux mesurer les conséquences des petits arrangements familiaux qui, à l'aune du droit, sont assimilés à une volonté de tricher.

2. Accident du travail

On vous agresse ? N'en faites pas un drame !

Mme Colas, employée de préfecture depuis des années, n'avait jamais imaginé qu'elle exerçait un métier dangereux. Jusqu'au 13 juillet 1995, jour où elle est victime d'une agression armée sur son lieu de travail. Choquée, elle est en arrêt de travail pendant un mois. Pour l'administration comme pour les médecins, ce congé est bien lié à un « accident imputable au service ». Mais à l'issue de ce premier arrêt, Mme Colas n'est toujours pas en état de reprendre son poste. Son médecin lui prescrit alors un congé de longue durée, mais ce congé n'est plus considéré comme lié à un accident « imputable au service ». Par arrêté du 7 août 1999, sur proposition de la commission de réforme, Mme Colas est, selon le jargon de l'administration, « radiée des cadres » – c'est à dire mise à la retraite – pour invalidité « non imputable au service ». L'intéressée n'est pas d'accord : elle considère que la dégradation de son état de santé, à l'origine de son départ en retraite, résulte directement de l'agression dont elle a été victime sur son lieu de travail. Elle sollicite donc de l'administration la reconnaissance de ce lien de cause à effet et l'obtention d'une rente viagère d'invalidité. Sa demande est rejetée. Le refus de l'administration s'appuie sur l'expertise du médecin psychiatre agréé qui a conclu, le 17 février 1999, que Mme Colas était « inapte » à la reprise d'une activité, mais que cette inaptitude n'était plus à mettre sur le compte des conséquences de l'accident de travail de juillet 1995. Pourtant, dans une expertise complémentaire du 9 septembre 1999, ce médecin précise que sur les 60 % du taux d'invalidité, 30 % peuvent être considérés comme imputables à l'agression et 30 % comme imputables à la maladie. Bref, deux expertises contradictoires en quelques mois !

Le Médiateur de la République, saisi par Mme Colas en novembre 2000, souligne cette incohérence auprès du service des pensions du ministère des Finances. Il conseille d'autre part à Mme Colas de se soumettre à une contre-expertise en milieu hospitalier. Celle-ci conclut à un état de stress posttraumatique imputable à l'accident de service. L'histoire finit bien.

Mme Colas obtient gain de cause et se voit reconnaître le droit à une rente viagère d'invalidité.

Le commentaire du Médiateur

Voilà une tentative de l'administration d'échapper à des contraintes financières trop lourdes ! Le premier congé d'un mois prescrit à Mme Colas est bien reconnu comme lié aux conséquences de l'agression qu'elle a subie. Mais l'administration ne reconnaît pas que la dégradation de l'état de santé de cette dame, qui entraîne son inaptitude définitive au travail, est le résultat de cette agression et donc « imputable au service », selon les termes juridiques. Placer ensuite Mme Colas en congé de longue maladie dispense l'administration de la prendre en charge dans le cadre d'une retraite pour invalidité imputable au service.

L'intérêt du système prime sur celui de la personne ; ce n'est pas normal ! Ce cas pose d'autre part la question de la fiabilité de l'expertise médicale. On ne peut faire dépendre le sort d'une personne du résultat d'une seule expertise. Confronté à une telle situation, il ne faut pas hésiter à demander une contre-expertise en cas de conclusions défavorables du premier examen. Tant que le résultat de cette contre-expertise n'est pas connu, l'administration devrait maintenir l'agent dans une position d'activité statutaire, et ne pas prendre de décision hâtive quant à sa radiation et aux motifs de celle-ci.

3. Adoption

Déboutés pour cause de « vision idéalisée ».

Des familles toujours plus nombreuses sont candidates à l'adoption. Mais à l'inévitable parcours du combattant qui leur est imposé s'ajoutent parfois les appréciations sévères des services administratifs compétents. M. et Mme Duval en ont fait l'amère expérience. Au cours de l'année 2000, souhaitant adopter un enfant, ils déposent une demande d'agrément auprès des services de la direction départementale de l'action sanitaire et sociale (comme l'exige l'article L 225-2 du code de l'action sociale et des familles). Ils avaient déjà tout prévu, refait le papier peint de la future chambre d'enfant, acheté des peluches, une boîte à musique...

Pourtant, ils essuient un refus très sec, les services du département arguant du fait que leur projet repose « sur une vision idéalisée de l'adoption ». Déboutés de leur requête devant le tribunal administratif en juin 2002, les intéressés obtiennent en revanche un jugement favorable devant la cour administrative d'appel en octobre 2003. Celle-ci estime la décision de refus d'agrément non fondée et prononce son annulation. En clair, la cour considère que ce couple peut adopter un enfant. Le conseil général mis en cause porte l'affaire devant le Conseil d'État. Non par acharnement, mais parce qu'il souhaite que cette procédure permette de définir l'étendue du contrôle des juges du fond en matière d'agrément pour l'adoption. De leur côté, M. et Mme Duval saisissent alors le Médiateur de la République pour tenter de privilégier une solution amiable.

L'action du Médiateur de la République leur permet d'obtenir l'agrément sollicité, à titre provisoire dans un premier temps, avant même que le Conseil d'État ne rende son arrêt. Grâce à ce sésame provisoire, le couple peut entamer les démarches d'adoption auprès d'organismes internationaux, malgré la procédure judiciaire en cours. Celle-ci, d'ailleurs, s'achève en leur faveur. Le 20 octobre 2004, le Conseil d'État confirme l'analyse de la cour administrative d'appel. Cette décision reconnaît aux juges du fond un contrôle « normal » et non plus « restreint » sur les conditions de délivrance de l'agrément. En clair, au lieu de vérifier seulement que les services du conseil général n'ont pas commis d'erreur grossière, les juges peuvent réexaminer tous les éléments du dossier et se mettre eux-mêmes dans la position d'avoir à prendre la décision d'agrément. Ce revirement de jurisprudence devrait à l'avenir limiter les décisions de refus aux cas réellement problématiques, et inciter en la matière à une réflexion accrue dans le souci primordial de l'intérêt de l'enfant. Une bonne nouvelle pour les milliers de couples qui souhaitent adopter...

Le commentaire du Médiateur

Ce cas incite à s'interroger sur le stress que ressentent les futurs parents adoptifs soumis à un véritable examen. Nombre d'entre eux ont tendance à en faire trop, ce qui peut avoir un effet opposé à celui espéré, et inciter les services du conseil général à refuser l'agrément au motif que la demande d'adoption cristallise des attentes trop fortes. L'évolution de la jurisprudence du Conseil d'État va permettre de prendre une certaine distance. Les services du conseil général ne sont plus souverains. L'agrément d'adoption échappe ainsi à une vision unique, ce qui représente une avancée forte dans un domaine où la charge affective est lourde.

Sur ce sujet de société très sensible qu'est l'adoption, l'action du Médiateur de la République a ici accompagné une évolution de jurisprudence capitale. Notons enfin que, dans l'attente de la décision du Conseil d'État, le Médiateur a défendu le droit pour cette famille à faire valoir l'agrément reconnu par la cour d'appel administrative.

4. Agriculture

Pour être agriculteur, mieux vaut manier le droit avec brio !

Quels que soient leur mode d'exploitation et la nature de leurs productions, les agriculteurs sont soumis à des réglementations très strictes. Cet encadrement rigoureux de leur activité engendre des litiges. Les règles, très pointilleuses, sont souvent mal comprises. Et au niveau local, les problèmes de personnes et les dialogues « de sourds » ne font qu'envenimer des situations déjà complexes. M. Carier et ses fils ont constitué un GAEC (groupement agricole d'exploitation en commun) pour exploiter ensemble leur propriété. Ils travaillent beaucoup, suscitent quelques jalousies... et le vivent très mal. Estimant avoir droit à certaines aides financières, ils s'adressent à la direction départementale de l'agriculture et de la forêt. Mais le courant ne passe pas avec les responsables du service, et M. Carier et ses fils considèrent qu'ils n'obtiennent pas de réponses satisfaisantes. Ils décident alors de faire des demandes successives pour les mêmes terres, tantôt au nom du GAEC, tantôt au nom des membres de celui-ci, ce que la réglementation n'autorise pas. Ils essuient des refus de l'administration. Refus tout à fait justifiés, mais ces décisions mettent leur exploitation en péril, et la famille Carier se sent quasiment victime d'un règlement de comptes !

L'intervention du Médiateur de la République a permis de dénouer l'imbroglio et de lever tout malentendu. Les services de la direction départementale de l'agriculture et de la forêt ont pris le temps d'expliquer point par point la situation aux intéressés et leur ont précisé les formalités à accomplir, pour clarifier la situation du GAEC et de chacun de ses membres, avant toute demande de subvention. Pourquoi ne pas avoir commencé par là ?

Le commentaire du Médiateur

Comment accepter que des aides financières puissent être attribuées à un groupement agricole d'exploitation en commun, et non aux membres de ce groupement, et vice-versa ? Nul n'est censé ignorer la loi, mais elle devient tellement complexe que l'administration elle-même rencontre des difficultés pour la faire appliquer, notamment dans le domaine agricole. Face à un tel imbroglio, il faut jouer la cohérence entre des textes parfois contradictoires. Les conseillers et les juristes des centres de gestion paraissent aujourd'hui mieux armés pour dire le droit que les fonctionnaires des préfectures. Pour éviter de mettre des emplois en péril et de plonger des familles entières dans la détresse, nous ne saurions trop conseiller aux agriculteurs de solliciter l'assistance de ces juristes.

5. Aidants familiaux

L'amour filial est bien mal récompensé !

En juin 1997, M. Sorel est désigné tuteur de sa mère, atteinte de la maladie d'Alzheimer. Étant donné les difficultés de vie quotidienne qu'engendre sa maladie, la vieille dame perçoit la prestation spécifique dépendance (PSD) puis l'allocation personnalisée d'autonomie (APA), qui remplacera la PSD – jusqu'à son décès, qui surviendra en mars 2003. Après accord du juge des tutelles, M. Sorel a été employé en qualité de « tierce personne » auprès de sa mère pendant plusieurs années (la loi prévoit en effet qu'un membre de la famille, à l'exception du conjoint ou du concubin, peut être employé et rémunéré pour s'occuper d'un parent âgé ou dépendant). Mais lorsque sa mère décède, M. Sorel se voit refuser par l'Assedic le bénéfice des allocations chômage. Motif : son contrat de travail « n'était ni réel, ni sérieux », dans la mesure où la tutelle qu'il exerçait pour sa mère le plaçait à la fois dans la situation d'employé et d'employeur. Pourtant, jusque-là, ni le juge des tutelles ni les services sociaux n'avaient relevé la difficulté. Comment un simple citoyen aurait-il pu le faire ? D'ailleurs aucun texte n'interdit au tuteur désigné par le juge d'assurer des fonctions d'aide-soignant auprès de la personne mise sous tutelle.

Malgré l'intervention du Médiateur de la République, l'Unedic a confirmé la position de l'Assedic. Et la Direction générale à l'emploi et à la formation professionnelle liée au ministère de l'Emploi, du Travail et de la Cohésion sociale a avoué la difficulté d'établir pour ce cas la réalité du contrat de travail, au regard du lien de subordination entre l'employé et l'employeur. Mais quels sont exactement les critères qui permettent d'établir la réalité du contrat de travail et du lien de subordination ? Alors que le discours ambiant culpabilise volontiers les familles accusées de délaisser leurs vieux parents, la mésaventure de M. Sorel montre, hélas, que ceux qui s'investissent totalement dans cette mission sont bien mal récompensés.

Peut-on à la fois encourager les proches des personnes âgées ou handicapées à endosser officiellement une mission d'aide très prenante et ne pas leur reconnaître les droits sociaux les plus élémentaires ?

Le commentaire du Médiateur

La loi créant l'allocation personnalisée d'autonomie (APA) prévoit qu'il est possible d'employer des parents proches pour aider et assister une personne dépendante. Dans les faits, ce cas de figure est fréquent. Il est naturel, en effet, que les liens affectifs priment dans le choix de l'« aidant ». Mais les personnes qui assument ces fonctions ne doivent pas se retrouver plongées dans des situations inextricables. Alerté par le Médiateur de la République, le directeur général de l'Unedic s'est engagé à diffuser une circulaire aux Assedic pour leur préciser qu'ils n'ont plus à rechercher l'existence d'un lien de subordination pour établir la réalité d'un contrat de travail entre ascendant et descendant.

6. Aide sociale, indemnisations : attention aux retours de bâton

Donner, c'est donner. Reprendre, c'est... ?

En 1981, M. Corbisier, qui vit seul chez lui depuis quelques années, procède à une donation à ses trois enfants pour un montant total de 31 556 €, avec réserve d'usufruit. Entre 1982 et 1996, il bénéficie de l'aide sociale afin de rémunérer une aide ménagère indispensable pour maintenir à domicile cet homme affaibli par le poids des années. Le montant total de cette aide s'élève à 43 773 €.

En 1996, M. Corbisier meurt. La commission d'admission à l'aide sociale, manifestement scrupuleuse de sa gestion, décide de récupérer une partie de cette somme, autrement dit, de capter la donation ; mais compte tenu de l'usufruit, il lui faut différer ses prétentions et patienter jusqu'à la mort de Mme Corbisier, l'épouse du défunt.

Cette annonce, avant même la mort de Mme Corbisier, choque l'un des enfants du couple. Celui-ci fait valoir que ni son père, ni les enfants de celui-ci, bénéficiaires de la donation, n'ont été informés de la possibilité d'action de la part de l'aide sociale. S'ensuit une bataille juridique. La commission départementale d'aide sociale rejette le recours, un rejet confirmé en appel par la commission centrale d'aide sociale. L'article L. 132-8 du code de l'action sociale et des familles, qui reprend l'article 146 du code la famille et de l'aide sociale, en vigueur au moment des faits, précise en effet que des recours pour récupérer l'aide sociale peuvent être exercés « contre le donataire lorsque la donation est intervenue postérieurement à la demande d'aide sociale ou dans les cinq ans qui ont précédé cette demande ». M. Corbisier a effectivement demandé à bénéficier de l'aide sociale un an après la donation. En dernière instance, le Conseil d'État a donc – logiquement ? – rejeté la requête introduite par l'une des filles de M. Corbisier.

Saisi après l'arrêt du Conseil d'État, le Médiateur de la République n'a pas pu intervenir. L'autorité de la chose jugée reste un principe intangible. En outre, les textes ne laissaient aucun espoir aux enfants de M. Corbisier.

Le commentaire du Médiateur

Pourquoi la possibilité de recours financier de la part du département n'a-t-elle pas été mentionnée lors de l'attribution de l'aide sociale ? En effet, compte tenu de l'antériorité de la donation, il est impossible de reprocher à ceux qui en ont bénéficié d'avoir dépensé cet argent. Le recours pour récupérer une somme supérieure à 30 000 € devient donc source de difficultés... et de conflits. Des efforts ont été faits pour permettre aux citoyens de se renseigner sur des dispositions législatives ou réglementaires grâce à des lignes téléphoniques dédiées à cette activité ou à des sites Internet (voir annexes). Mais comment rechercher des informations dont on ignore l'existence ? L'administration doit donc parcourir le chemin inverse et communiquer en direction des administrés sur les sujets qui peuvent donner lieu à litige. Le Médiateur de la République est là pour l'y aider.

7. Allocations – indu

Une tentative de réinsertion professionnelle sanctionnée.

Mme Oscar est reconnue comme travailleur handicapé par la COTOREP. Elle est au chômage depuis de nombreuses années et perçoit comme seuls revenus une pension d'invalidité d'un montant de 246 € et une allocation de solidarité spécifique (ASS) de 450 €. Au total, quelque 696 €, synonymes de fins de mois difficiles. De temps en temps s'y ajoute le revenu d'un petit job. En novembre et décembre 2004, Mme Oscar travaille ainsi quelques heures en intérim. Elle compte beaucoup sur cette mission qu'elle considère comme une première étape pour tenter une réinsertion professionnelle plus stable. Elle se prend à rêver d'un tout petit peu plus de confort. Juste un peu. Trois mois plus tard, elle tombe de haut ! On lui réclame la restitution d'un « indu » de 646 € de son allocation de solidarité spécifique (ASS). Motif : elle aurait dépassé le terme des douze mois pendant lesquels il est possible de cumuler cette allocation et un revenu d'activité.

Mme Oscar ignorait cette disposition et personne ne l'avait jamais alertée à ce propos. Et comment ne pas s'étonner de cette rigueur alors que, dans le même temps, on insiste sur l'importance de « remettre au travail » les bénéficiaires d'allocations ? Vivant seule, avec des revenus aussi bas, Mme Oscar est dans l'impossibilité de rembourser cette somme selon l'échéancier proposé, soit 72 € par mois, ce qui représente chaque mois plus de 10 % de ses revenus.

Avec l'aide d'un délégué du Médiateur de la République, elle a sollicité auprès du trésorier-payeur général (TPG) une remise gracieuse d'au moins une partie de l'indu d'ASS qui lui est réclamé. Dès réception du courrier, le TPG s'est engagé à regarder cette requête d'un œil favorable. Espérons qu'il ne changera pas d'avis...

Le commentaire du Médiateur

De nombreuses mesures ont été prises ces dernières années pour élargir les possibilités de cumul entre minima sociaux et revenus d'activité. Il s'agit d'éviter qu'une reprise d'emploi, souvent un temps partiel rémunéré au Smic, ne se traduise en fait par une baisse de ressources et par la perte de certains droits connexes attribués aux bénéficiaires de minima sociaux (en matière d'allocation logement, de tarif téléphonique, de couverture maladie universelle par exemple). Mais ces périodes de lissage où le cumul est possible ne sont pas toujours suffisantes pour permettre aux personnes concernées de reprendre pied. D'autre part, ces mécanismes de cumul sont tellement complexes qu'ils demeurent souvent bien opaques pour les bénéficiaires.

8. Allocations chômage

Les employeurs publics sont mauvais joueurs !

Avoir exercé une activité dans le public puis dans le privé représente un vrai casse-tête quand on est au chômage. Mme Dupont en sait quelque chose ! Employée non titulaire d'un Centre communal d'action sociale (CCAS) pendant plusieurs années, elle démissionne de son emploi en juin 2001. Dans la foulée, elle exerce une activité salariée dans le privé, du 16 juillet au 30 novembre 2001. À l'issue de cette période, elle se retrouve sans emploi. Mais elle ne se fait pas trop de souci : elle a travaillé plus de quatre-vingt-onze jours au cours des douze mois précédents, ce qui lui donne droit à des allocations chômage. L'Assedic lui explique toutefois que c'est à l'organisme qui a été son employeur principal au cours de la période d'affiliation prise en compte, en l'occurrence le CCAS, de l'indemniser. Toujours confiante, Mme Dupont sollicite donc son ancien employeur... qui la déboute purement et simplement, prétextant qu'elle n'a droit à rien puisqu'elle a démissionné et n'a donc pas perdu involontairement son emploi. Les textes en vigueur (l'article 4 E du règlement annexé à la convention du 1er janvier relative à l'aide au retour à l'emploi et à l'indemnisation du chômage) disent pourtant le contraire !

Saisi du dossier, le Médiateur de la République rafraîchit la mémoire du CCAS en question. Qui persiste pourtant dans son refus d'indemniser Mme Dupont, prétendant cette fois, pour justifier sa position, que l'intéressée n'est pas en recherche d'emploi et ne remplit donc pas les conditions pour toucher des allocations chômage. Nouvelle piqûre de rappel de la part du Médiateur de la République : selon le code du travail, c'est à l'ANPE, et à elle seule, d'apprécier si un candidat aux allocations accomplit réellement des « actes positifs de recherche d'emploi ». Les doutes du CCAS en la matière ne l'autorisent donc pas à priver Mme Dupont de ses indemnités. Après avoir tout tenté, le CCAS s'est enfin décidé à respecter la loi !

Le commentaire du Médiateur

Les employeurs publics peuvent soit passer une convention avec l'Unedic, soit assurer sur leurs propres budgets les allocations chômage de leurs anciens employés. Malheureusement, l'expérience montre que, dans ce cas, les contractuels et les employés non titulaires se trouvent dans une situation inadmissible d'insécurité sociale. Car les employeurs publics ont la mauvaise habitude de tout faire pour se défausser de leurs responsabilités ! Lorsqu'un employeur public embauche un collaborateur non titulaire, nous proposons qu'il motive la raison pour laquelle il n'a pas passé de convention avec l'Unedic. D'autre part, l'histoire de Mme Dupont souligne une fois de plus à quel point il est difficile de faire reconnaître ses droits sociaux en cas de changement de statut professionnel et donc de régime de protection sociale.

9. Allocations chômage – droits européens

Une réglementation réservée aux surdoués !

La mobilité professionnelle dans l'Union européenne reste une utopie... ou une source de difficultés. Après avoir travaillé sept ans en France, Mme Vallier part vivre en Allemagne. Tout se passe bien. Elle se plaît dans son nouvel environnement, et trouve tout de suite un emploi qu'elle va conserver, sans interruption, pendant près de dix ans (de 1993 à juillet 2002). En 2002, elle revient en France et son parcours professionnel se fait plus chaotique. Elle reprend immédiatement une activité salariée, mais pour un court laps de temps seulement. Elle doit ensuite s'inscrire au chômage. Elle remet à l'Assedic les imprimés E 301 et E 303, documents que doivent fournir les salariés qui ont travaillé dans différents pays de l'Union européenne, et obtient trois mois d'indemnisation. À la fin de cette période, en novembre 2002, elle occupe un emploi à temps partiel pendant quatre mois. Une fois achevé ce contrat à durée déterminée, elle est à nouveau au chômage, mais l'Assedic lui refuse cette fois toute indemnisation, prétextant qu'elle a épuisé tous ses droits précédents et ne s'en est pas constitué de nouveaux. Mme Vallier s'étonne de n'avoir droit à rien, après avoir travaillé tant d'années. En France ou en Allemagne, qu'importe : après tout, c'est l'Europe !

Mme Vallier saisit alors le Médiateur de la République, et elle va découvrir l'accumulation d'erreurs dont elle a été victime. Après la rupture de son contrat de travail en Allemagne, elle n'a bénéficié d'aucune indemnisation dans ce pays. Selon les règlements communautaires, elle pouvait donc, en s'inscrivant à l'Assedic lors de son retour en France, bénéficier des allocations chômage pour une durée prenant en considération toutes ses périodes d'assurance ou d'emploi effectuées dans les différents États membres de l'Union européenne. La totalisation de ces périodes s'effectue sur présentation par l'intéressé du fameux imprimé E 301. L'indemnisation de trois mois accordée sur la base de l'imprimé E 303 ne concerne que les travailleurs qui, déjà indemnisés dans un État membre, viennent s'établir dans un autre État, pour poursuivre leur recherche d'emploi. Ce qui n'était pas le cas de Mme Vallier. En fournissant les deux imprimés – parce qu'elle avait été mal informée, tant en France qu'en Allemagne –, Mme Vallier a brouillé les esprits des services de l'Assedic, peu frottés aux subtilités des réglementations européennes. Finalement, l'intervention du Médiateur de la République auprès de l'Assedic a permis de remettre les choses en ordre. Mais combien de chômeurs, perdus dans tous ces formulaires, se voient au bout du compte privés de ce qui leur est dû ?

Le commentaire du Médiateur

L'Europe imprègne de plus en plus notre quotidien, et la mobilité croissante des salariés risque de multiplier ce type de situations. Progressivement, les droits sociaux s'adaptent et deviennent transfrontaliers. Non sans une certaine complexité que les citoyens, voire les services concernés, maîtrisent encore avec difficulté.

Si un citoyen français recherche un nouvel emploi dans le pays où il a travaillé en dernier lieu, il a droit aux mêmes prestations que les nationaux. Il pourra demander le maintien de ces allocations s'il souhaite revenir ensuite en France pour chercher un travail. Il lui faudra avoir été inscrit au chômage dans le pays qui l'indemnise pendant au moins quatre semaines. Il devra prévenir l'organisme compétent de ce pays de son retour en France et lui demander de lui remettre un imprimé E 303. En France, il bénéficiera d'un délai de sept jours pour s'inscrire à l'Assedic qui lui versera alors l'indemnisation étrangère dont il bénéficiait, pendant trois mois maximum.

Si, au contraire, un ressortissant rentre en France pour tenter d'y retrouver un emploi dès qu'il a perdu son job à l'étranger, il percevra l'indemnisation française, sous certaines conditions. Il devra en effet se procurer auprès de la dernière entreprise pour laquelle il a travaillé à l'étranger un formulaire E 301 attestant son activité dans ce pays. Il n'a pas à s'inscrire auprès des services de l'emploi de ce pays. Dès son retour en France, il lui suffira d'avoir retravaillé une seule journée pour pouvoir s'inscrire auprès de l'Assedic qui, grâce au formulaire E 301, appliquera les règles d'indemnisation française.

Si la personne n'a pas retravaillé du tout à son retour en France, elle pourra néanmoins bénéficier de l'allocation d'insertion.

Bref, ce n'est pas simple ! Et les personnes concernées ne savent même pas où trouver les informations dont elles ont besoin...

10. Allocations familiales – Kafala

Bébés ! Vos papiers !

Les enfants étrangers adoptés par des familles françaises doivent-ils être soumis au contrôle de régularité d'entrée sur le territoire ? Certaines caisses d'allocations familiales ont décidé de répondre à cette question par l'affirmative. Heureusement, il arrive que des familles ne se laissent pas faire ! Mme Houri a trois enfants à sa charge. Le 12 août 2003, elle accueille dans son foyer le petit Arezki, né le 13 juin 2003, dans le cadre d'une procédure d'attribution de recueil légal (Kafala) engagée en Algérie. Elle sollicite alors le versement des prestations familiales liées à l'arrivée du bébé. Mais la caisse d'allocations familiales (CAF) lui demande de fournir soit le certificat de contrôle médical délivré par l'Office des migrations internationales, soit le visa de long séjour délivré à l'enfant attestant de la régularité de son entrée en France. Comme elle n'a pas ces documents, Mme Houri se voit opposer une fin de non-recevoir par la CAF.

Elle ne baisse pas les bras pour autant et saisit le Médiateur de la République. Ce dernier n'est pas vraiment surpris par sa mésaventure, car plusieurs cas similaires lui ont déjà été transmis. Il interroge la direction de la Sécurité sociale sur le bien-fondé de la position des CAF. Les justificatifs mentionnés par le code de la Sécurité sociale (articles L 512-2, D 511-1 et D 511-2) sont exclusivement destinés à attester de la régularité de l'entrée en France et du séjour des personnes de nationalité étrangère ainsi que des enfants qu'ils ont à leur charge, et pour lesquels ils demandent des prestations familiales. Mais Mme Houri est de nationalité française : le Médiateur de la République considère donc que ces dispositions ne la concernent pas. La direction de la Sécurité sociale confirme cette interprétation. Dès septembre 2003, la CAF revoit sa position et verse à l'intéressée les prestations auxquelles elle a droit. Une circulaire ministérielle du 23 novembre 2004 devrait désormais prévenir cette interprétation tatillonne des textes de la part des CAF : elle précise que la condition de régularité de la sortie du territoire d'origine et de l'entrée sur le territoire français « des enfants accueillis par des familles de nationalité française n'a plus à être vérifiée pour l'ouverture des droits aux prestations familiales ». Cette fois, c'est clair !

Le commentaire du Médiateur

La circulaire du 23 novembre 2004 a réglé un certain nombre de problèmes. Les CAF ne peuvent plus exiger des familles de nationalité française le visa de long séjour des enfants étrangers qui sont à leur charge effective pour accorder les prestations familiales. Mais tout n'est pas réglé. Ainsi, la circulaire ne vise pas l'allocation d'adoption, dont le versement reste subordonné à la fourniture d'un document sur lequel a été apposé le visa de long séjour de l'enfant portant la mention MAI (mission adoption internationale). Par ailleurs, le Médiateur de la République a formulé une proposition de réforme afin que les prestations familiales soient attribuées de plein droit aux parents étrangers disposant d'un titre de séjour valide, au titre de leurs enfants étrangers séjournant régulièrement en France.

11. Allocations familiales – régimes particuliers

Un droit bafoué.

Certaines caisses de Sécurité sociale ne sont pas habilitées à verser l'allocation adulte handicapé. Conséquence : la descente aux enfers...

Mme Lefort, gravement malade, perçoit depuis plusieurs années l'allocation aux adultes handicapés (AAH) que lui verse la caisse d'allocations familiales (CAF) d'une grande ville du sud de la

France. En 2000, son mari change de situation professionnelle, ce qui a des conséquences sur sa protection sociale. Il n'est plus affilié au régime général des salariés mais à la caisse de Sécurité sociale des Mines. Logiquement, la CAF cesse donc de verser l'AAH à Mme Lefort qui, comme « ayant droit » de son mari, ne relève plus non plus du régime général. C'est désormais à la caisse de Sécurité sociale des Mines de prendre le relais pour verser cette prestation à Mme Lefort. Mais, problème : cette caisse ne possède pas d'habilitation pour verser l'AAH. Résultat, Mme Lefort est privée sans plus de forme d'une allocation à laquelle elle a toujours eu droit ! Le couple, qui doit désormais se contenter pour vivre du seul salaire de M. Lefort, connaît en quelques mois de graves difficultés financières. Courriers, coups de fil à la caisse d'allocations familiales, à la caisse de Sécurité sociale des Mines... Rien n'y fait !

Las de ces démarches administratives toujours infructueuses, les deux époux finissent par abandonner tout combat, jusqu'à ce qu'un élu alerte le délégué du Médiateur de la République sur leur grande détresse. Celui-ci prend alors rapidement contact avec les organismes sociaux. Et là, miracle ! Le dialogue peut enfin s'établir. On examine, on cherche. Et les caisses concernées trouvent enfin une solution à cet épineux problème de compétence. Mme Lefort récupère 25 000 € d'arriérés et touche de nouveau régulièrement l'AAH.

Le commentaire du Médiateur

Il est inconcevable qu'une personne qui a droit à une allocation puisse en être privée du jour au lendemain pour des questions de procédure. Spontanément, les organismes sociaux devraient tout faire pour résoudre de telles absurdités. Une fois de plus, ce cas montre qu'il reste encore beaucoup à faire en matière d'harmonisation de la protection sociale et de coordination des différents régimes.

12. Allocation personnalisée au logement – trop-perçu

Dialogue difficile entre le Nord et le Sud... de la France.

Mme Perret est locataire d'un logement à Bandol et perçoit l'aide personnalisée au logement (APL). Elle déménage pour le nord de la France et s'installe à Calais. La caisse d'allocations familiales (CAF) du Var lui notifie deux « trop-perçus » d'APL, de respectivement 182 € et 485 €. Mme Perret demande des explications, ce que le courrier de la CAF ne jugeait pas utile de lui fournir ; ne pouvant, dans l'immédiat, rembourser les sommes qu'on lui réclame, elle sollicite leur remise. La CAF du Var lui indique alors de contacter son homologue de Calais : c'est elle, désormais, qui suit le dossier. *Bis repetita :* le 3 mars 2004, Mme Perret demande la remise gracieuse de ses dettes à la CAF de Calais. Qui l'invite aussi sec à s'adresser à la section départementale des aides publiques au logement (SDAPL)... du Var ! Dans ces cas-là, il ne faut pas s'énerver : le 5 avril 2004, Mme Perret se met en relation avec l'organisme indiqué. Qui l'informe, quelque temps plus tard, que son dossier a été transmis le 13 avril 2004 à la CAF du Var ! Retour à la case départ. Pourtant, en mai 2004, Mme Perret reçoit de la CAF... de Calais, cette fois, une mise en demeure de payer 601 € (soit 116 € sur la première créance et 485 € sur la seconde) !

Pour le moins désorientée, Mme Perret saisit le Médiateur de la République, qui finit par obtenir quelques explications sur cette histoire délirante. Après son déménagement, le dossier de Mme Perret a été transféré à la CAF de son nouveau lieu de résidence. La CAF du Var ne pouvait donc plus traiter sa demande de remise de dette et l'a orientée vers son homologue de Calais. Précisons que les services départementaux de l'équipement sont seuls compétents pour statuer sur les recours et les demandes de remise de dettes concernant l'APL. Mais ils peuvent déléguer leurs compétences aux CAF. Or, la CAF de Calais n'ayant pas reçu cette délégation, elle a réorienté à juste titre Mme Perret vers la SDAPL du Var, régulièrement habilitée à statuer sur un indu détecté dans ce département. Mais la CAF du Var disposant, elle, de la délégation évoquée plus haut, le SDAPL lui a retransmis le dossier de Mme Perret ! Pourquoi faire simple, quand on peut faire compliqué ? On en arrive presque à comprendre pourquoi les CAF rechignaient à expliquer le problème à leur allocataire.

À la suite de l'intervention du Médiateur de la République, les services concernés se sont enfin concertés, et la CAF du Var a pu centraliser l'ensemble des éléments nécessaires pour que la demande de remise de dette soit examinée par sa commission de recours amiable. Mme Perret a ainsi obtenu la remise de la totalité de la somme restant due, soit 601 €.

Le commentaire du Médiateur

Pour des raisons professionnelles ou familiales, aujourd'hui, tout le monde bouge. Il est indispensable que les organismes sociaux fassent un effort pour s'adapter à la vie des citoyens. Ils doivent être capables de travailler en réseau et ne plus faire subir aux allocataires les conséquences d'un tel cloisonnement. Comment admettre que ceux-ci se fassent renvoyer d'une caisse à l'autre, d'un service à l'autre, qui plus est sans un minimum d'explications claires et cohérentes !

13. Amende – contestation

La ballade des « prunes ».

Contester une contravention nécessite son règlement préalable... Mais payer une amende vaut acceptation et éteint l'action publique... Comprenne qui pourra !

À sa grande surprise, Mme Caron reçoit un avis de contravention pour excès de vitesse de 90 € et trois points sont retirés sur son permis de conduire. Protestant de sa bonne foi, elle téléphone aussitôt à la gendarmerie, qui lui indique qu'il faut d'abord payer l'amende pour recevoir la photo du contrôle de vitesse et contester ensuite le procès-verbal. Mme Caron suit ces conseils et récupère sans problème les trois points retirés sur son permis. Mais l'officier du ministère public auquel elle s'adresse, tout en reconnaissant l'erreur d'identification du véhicule commise par les services de gendarmerie, refuse de lui rembourser le montant de l'amende. Motif : ce remboursement n'entre pas dans le cadre du formulaire de requête en exonération. En outre, le fait de payer l'amende vaut acceptation et éteint donc l'action publique.

Saisi du dossier, le délégué du Médiateur de la République souligne l'injustice, pour ne pas dire l'absurdité de la situation. L'officier du ministère public admet que les services de la gendarmerie avaient, à tort, indiqué à Mme Caron qu'il fallait d'abord payer avant de contester. Mais tout en reconnaissant le bien-fondé de la réclamation de la conductrice, il confirme que son service n'est pas compétent pour régler ce litige puisque, selon le code de procédure pénale, le paiement d'une amende éteint l'action publique, ce qui dessaisit d'office le ministère public chargé de cette action publique. Le problème ne relève donc plus d'un recours judiciaire, mais d'un recours administratif auprès de la trésorerie générale de l'Hérault. L'officier du ministère public précise toutefois au délégué du Médiateur de la République qu'il a lui-même pris contact avec ce service pour obtenir le remboursement du montant de l'amende payée par erreur. Pourquoi pas une nouvelle épreuve au permis de conduire sur la réglementation des PV ?

Le commentaire du Médiateur

Ce cas n'est pas isolé. Les services de gendarmerie commettent parfois des erreurs d'identification. Mais il existe également des véhicules roulant avec de fausses plaques d'immatriculation. Ces plaques peuvent correspondre à celles d'automobilistes honnêtes qui subissent alors les conséquences de ces usurpations et doivent se battre pour faire reconnaître leur bon droit. Et ce n'est pas simple ! Les procédures de contestation des PV sont en effet beaucoup trop complexes. Qui sait ce qu'est un formulaire de « requête en exonération » ? Or, c'est le premier formulaire à utiliser si l'on veut contester une contravention. Par ailleurs, il n'est pas normal que le fait de payer une amende forfaitaire prive de tout moyen de se défendre, dans la mesure où le simple fait de payer équivaut à reconnaître implicitement sa faute. Enfin, l'officier du ministère public, qui est l'équivalent du procureur dans un tribunal et à qui l'on doit s'adresser pour contester une amende, se contente souvent de renvoyer une lettre type, sans enquête et sans examen sérieux de la requête. La sécurité routière est une chose essentielle et j'approuve, bien sûr, le fait que les infractions au code de la route soient sanctionnées. Mais il faut que la loi soit plus équitable et compréhensible par tous. Et il conviendrait d'imaginer un formulaire unique et simple pour contester les PV.

14. Amende forfaitaire majorée – recouvrement forcé

Un recouvrement « musclé » mais illégal !

Le 22 septembre 2001, M. Chalet vend sa voiture. L'aurait-il fait s'il avait su ce qui l'attendait ? Le nouveau propriétaire n'effectue pas le changement de carte grise en préfecture et se soucie visiblement du code de la route comme d'une guigne. Il collectionne les PV... mais c'est M. Chalet, toujours considéré comme propriétaire de la voiture, qui les reçoit ! L'infortuné vendeur, fort de sa bonne foi, s'adresse alors à l'officier du ministère public près du tribunal de police de Paris. Celui-ci annule les contraventions intervenues aux mois d'octobre, novembre et décembre 2001. Trois amendes forfaitaires majorées, prononcées par décision du 10 décembre 2002 et concernant des infractions aux règles de stationnement commises en juillet 2002, sont également annulées par le parquet du tribunal de police par décision du 13 avril 2003, à la suite d'un courrier de réclamation adressé par M. Chalet le 18 janvier 2003. Affaire classée ? Pas si simple ! En mars 2003, la trésorerie de Paris Amendes 2 a adressé aux banques qui gèrent les comptes de M. Chalet un « avis à tiers détenteur » – une procédure qui permet au Trésor public de récupérer des sommes qui lui sont dues par un contribuable en s'adressant à un « tiers », une banque par exemple, qui « détient » de l'argent appartenant à cette personne – pour obtenir le règlement des amendes qui ont en fait été annulées quelques semaines plus tard. Conséquences pour notre héros bien malgré lui : 211 € de frais bancaires que le trésorier principal refuse de lui rembourser, au motif que l'annulation des trois amendes est intervenue postérieurement à la date de notification de l'avis à tiers détenteur. Et qu'il n'y a donc pas eu d'erreur de la part de ses services.

Saisi du dossier, le Médiateur de la République fait valoir que M. Chalet a adressé sa réclamation à l'officier du ministère public dans les délais légaux, soit trente jours à compter de la réception des avis d'amendes forfaitaires majorées, intervenue au mois de janvier 2003.

Il fait observer par ailleurs que la décision d'annulation datée du 7 avril 2003 a certes été prise postérieurement à la notification de l'avis à tiers détenteur, datée de mars 2003, mais qu'il ne paraît pas équitable que M. Chalet supporte les conséquences financières résultant du retard pris dans le traitement de son dossier par le parquet du tribunal de police de Paris. Arguments auxquels finit par se ranger le trésorier principal. Un esprit ouvert !

Le commentaire du Médiateur

M. Chalet a été victime d'un acheteur indélicat, mais aussi de sa méconnaissance de la loi : c'est en effet au vendeur de faire les démarches administratives de changement de carte grise lors de la cession de son véhicule. Cela dit, la machine administrative va ensuite déraper, à ses dépens. La pratique de l'avis à tiers détenteur pour récupérer le montant des amendes est en effet illégale. L'avis à tiers détenteur ne peut normalement être utilisé que pour récupérer les créances fiscales, c'est-à-dire à l'encontre des personnes qui ne paient pas leurs impôts. Un arrêt de la Cour de cassation du 12 mai 2004 le rappelle expressément. En décembre 2004, le Médiateur de la République a d'ailleurs interpellé les pouvoirs publics sur cette pratique abusive.

15. Amendes SNCF

Les parents ne doivent pas systématiquement « payer » pour leurs enfants.

En septembre 2003, Gilles Ogier, quinze ans, est verbalisé à quatre reprises par des agents de la SNCF pour absence de titre de transport. Mais il ne paie pas ces amendes. La SNCF en réclame alors le règlement à sa mère et lui adresse un « dernier avis avant poursuites pénales ». Déjà accablée par les frasques de son fils, Mme Ogier refuse. Elle explique que Gilles a été envoyé, par décision de justice, dans un centre de placement immédiat pour mineurs, et qu'elle n'entend pas payer à sa place. Il lui paraît plus juste que la SNCF se tourne vers l'établissement d'accueil qui, après tout, est chargé de surveiller les adolescents qui lui sont confiés.

Inquiète pourtant des suites éventuelles de cette affaire, elle consulte un délégué du Médiateur de la République, qui s'empresse de la rassurer. Pour le code pénal, « nul n'est responsable pénalement que de son propre fait », en conséquence nul n'encourt de responsabilité pénale du fait d'autrui. Pour l'officier du ministère public, le paiement de l'amende étant à la charge de Gilles Ogier, ni sa mère ni l'institution qui l'a accueilli sur décision de justice n'encourent de poursuites. Leur responsabilité reste limitée aux actions civiles. En revanche, Gilles Ogier reste redevable de ses amendes. Les services de la SNCF ont admis cette interprétation et renoncé à toute poursuite contre Mme Ogier.

Le commentaire du Médiateur

Il faut bien distinguer responsabilité civile et responsabilité pénale. Les parents sont toujours civilement responsables de leurs enfants mineurs. En revanche, ils ne peuvent pas être poursuivis pénalement à la place de leurs enfants. Ce cas ne doit cependant pas inciter les jeunes à ne pas payer leurs contraventions, puisque l'action publique demeure. Et les fraudeurs en restent redevables jusqu'à ce qu'ils soient solvables (dans la limite, bien sûr, des délais de prescription).

16. Amiante

À chacun ses victimes !

La fibre blanche ronge la santé de ceux qui y ont été exposés. Faut-il ajouter à cela les tracas administratifs ? Si de nombreux dispositifs se sont mis progressivement en place pour indemniser et protéger les personnes qui ont été exposées dans leur vie professionnelle, tout n'est pas réglé pour tout le monde.

M. Gérard et M. Louvier, deux anciens des chantiers navals, ont soumis leur cas au Médiateur de la République. Tous les deux ont travaillé de nombreuses années comme ouvriers de l'État à la Direction des constructions navales (DCN). Ce qui leur ouvrait droit à l'allocation de cessation anticipée d'activité des travailleurs de l'amiante (ACAATA), qui concerne toute personne exposée, même si elle ne développe pas de maladie. Ils sont ensuite devenus salariés du secteur privé. C'est donc auprès de la caisse régionale d'assurance maladie (CRAM) dont ils dépendent qu'ils ont cherché à faire valoir leurs droits à cette allocation. Mais la CRAM leur répond que le régime général des salariés ne peut prendre en compte les années d'exposition à l'amiante au sein de la DCN sous le régime des ouvriers de l'État. Quant au régime des ouvriers de l'État, il ne peut, lui non plus, rien faire pour eux, car il n'instruit que les dossiers des agents relevant toujours de ce régime à la date de leur demande ! Ce régime fait pourtant preuve d'une grande ouverture, dans la mesure où lorsqu'il est compétent sur un dossier, il prend en compte l'intégralité des périodes d'exposition à l'amiante, que l'activité ait été exercée à la DCN ou dans un établissement du secteur privé... Pas de chance pour M. Gérard et M. Louvier, ça ne les concerne pas !

Pourront-ils relativiser leurs soucis en apprenant les déboires de M. Paul, qui s'en est remis, lui aussi, au Médiateur de la République ? On en doute, mais son histoire est carrément révoltante. M. Paul, lui, a été reconnu atteint d'une maladie professionnelle liée à l'amiante en 1994, par le régime des Mines. Ce régime spécial ne servant pas l'ACAATA, en 2002, il sollicite cette allocation auprès du régime général, bien qu'il n'en relève pas. L'allocation lui est refusée. Motif : le caractère professionnel de sa maladie liée à l'amiante a été reconnu par le régime des Mines et non par le régime général. À chacun ses victimes. Peut-on finasser ainsi avec la santé et la vie des gens ? La commission de recours amiable ne lui ayant pas donné satisfaction, M. Paul a porté l'affaire devant le tribunal des affaires de sécurité sociale qui n'a pas encore rendu son jugement.

Côté médiation, ces histoires ne sont toujours pas dénouées non plus. Le Médiateur de la République s'est rapproché de la Caisse nationale d'assurance maladie : celle-ci a confirmé, hélas, la conformité des décisions auxquelles se heurtent les protagonistes avec les textes en vigueur.

Le commentaire du Médiateur

L'inégalité en termes de droits sociaux et médicaux des personnes qui ont été exposées à l'amiante dans leur milieu professionnel n'est plus tolérable. La protection sociale doit placer l'individu au cœur des dispositifs, quel que soit le régime d'affiliation auquel il appartient. Une homogénéité des droits et une coordination des régimes sont donc une urgence sociale.

Sur le front de l'amiante, le Médiateur de la République a cependant réussi à marquer un point. Jusqu'à une date récente, une personne victime d'une maladie professionnelle, reconnue selon l'article L 461-1 du code de la Sécurité sociale, pouvait se voir privée du bénéfice de l'allocation de cessation anticipée d'activité des travailleurs de l'amiante (ACAATA) si la maladie en cause, bien que résultant d'une exposition à l'amiante, ne figurait pas sur la liste limitative des pathologies ouvrant droit à cette allocation. Cette situation était particulièrement injuste, d'autant plus que des salariés ayant travaillé dans des établissements classés à risques, et à certains postes, pouvaient percevoir l'ACAATA, même s'ils n'avaient développé aucune maladie. Une proposition de réforme du Médiateur de la République a débouché sur la publication d'un arrêté du 3 février 2005, qui complète la liste des maladies professionnelles liées à l'amiante susceptibles d'ouvrir droit à l'ACAATA dès cinquante ans. Tous les problèmes ne sont pas réglés pour autant, comme nous le rappellent ces deux histoires. Et le Médiateur de la République entend bien proposer à nouveau des améliorations des dispositifs en vigueur.

17. ANPE – radiation

L'erreur est humaine, mais... un changement d'adresse non pris en considération peut entraîner des conséquences dommageables... et difficilement réparables.

Cadre dans une entreprise, M. Renaud est licencié pour raisons économiques en septembre 2003. En novembre de cette même année, il déménage avec sa famille. Il signale bien sûr son changement d'adresse à l'ANPE compétente, ainsi qu'à l'Assedic qui l'indemnise. Et, tous les mois, il effectue scrupuleusement la mise à jour téléphonique exigée par l'Assedic pour faire connaître sa situation : A-t-il travaillé quelques heures ? A-t-il fait un stage ? Retrouvé un emploi ?... Pendant quelques mois, tout va bien. Mais le 18 mai 2004, l'ANPE lui signifie qu'il est radié de la liste des demandeurs d'emploi ! Bonne fille, elle lui précise toutefois la nature de son crime : il n'a pas répondu à une convocation envoyée en mars à son ancien domicile. Comme une tuile n'arrive jamais seule, on lui demande dans la foulée de restituer les allocations Assedic des mois de mars et avril 2004, soit près de 4000 €, qu'il a perçues mais auxquelles il n'avait plus droit puisqu'il était radié ! Stupéfait, protestant de sa bonne foi, M. Renaud rappelle qu'il a scrupuleusement exécuté toutes les démarches exigées. Mais rien n'y fait, il est débouté !

Très choqué par cette fin de non-recevoir totalement injuste qui le place dans une situation financière très précaire, M. Renaud consulte un délégué du Médiateur de la République. Celui-ci contacte immédiatement l'ANPE et l'invite, fermement, à reconsidérer sa position. Ce qu'elle reproche à M. Renaud – ne pas s'être présenté à une convocation – est en effet la conséquence directe d'une « erreur » commise par ses propres services, qui n'ont pas pris en compte le changement d'adresse régulièrement effectué par ce demandeur d'emploi ! Quelque temps après cette intervention, M. Renaud est rétabli dans ses droits. Il est réinscrit sur la liste des demandeurs d'emploi et peut percevoir les allocations qui lui sont dues. La moindre des choses.

Le commentaire du Médiateur

L'administration a beaucoup de mal à reconnaître ses propres erreurs, même quand elles pourraient être rectifiées très rapidement et très simplement. Plus grave, elle semble hermétique aux conséquences d'un tel comportement sur la vie quotidienne des administrés. Cette histoire touche un cadre, qui a su se défendre et réagir sans délai. Mais qu'advient-il lorsqu'une telle mésaventure touche des personnes précaires, peu rompues aux démarches, qui ont du mal à rédiger des courriers ou à passer des coups de fil ?

18. Arrêt maladie – sanction

« Sorties autorisées » ? Mon œil !

La guerre déclarée aux arrêts maladie « bidons » justifie-t-elle tous les procédés ?

M. Terret est en arrêt maladie depuis quelques jours. Il est absent de son domicile lors d'un contrôle effectué par le service médical de sa caisse d'assurance maladie. Il explique qu'il s'est fié à son arrêt de travail, sur lequel son médecin avait mentionné « sorties autorisées », et qu'il n'imaginait pas être en faute en sortant de chez lui. Mais sa caisse primaire d'assurance maladie (CPAM) ne veut rien entendre et lui supprime ses indemnités journalières. Jusqu'à la loi du 13 août 2004 sur la réforme de l'assurance maladie, c'est le règlement intérieur des caisses primaires qui précisait les devoirs des assurés en arrêt maladie. Toute absence du domicile en dehors des heures de sorties autorisées (entre 10 heures et 12 heures le matin et entre 16 et 18 heures l'après-midi), pour un rendez-vous médical par exemple, ou tout départ en convalescence, doivent faire l'objet d'un certificat médical adressé à la CPAM et nécessitent l'autorisation préalable du médecin-conseil de la Caisse. M. Terret explique qu'il ne pouvait connaître cette démarche administrative, mais la CPAM refuse de revoir sa position. Il porte alors l'affaire devant le tribunal des affaires de la Sécurité sociale (TASS) et obtient gain de cause. Mais la CPAM forme un pourvoi en cassation, manifestant là un curieux acharnement.

De son côté, M. Terret se tourne vers un délégué du Médiateur de la République. Celui-ci interroge les services de la CNAM qui reconnaissent que jusqu'ici, effectivement, tout cela n'était peut-être pas très clair. Mais ils affirment que tout va changer : les nouveaux imprimés d'arrêt de travail sont plus explicites pour les personnes malades et pour les médecins. Et depuis l'entrée en vigueur de la loi du 13 août, les obligations des assurés en arrêt de travail sont mentionnées dans la loi et non plus dans le règlement intérieur des caisses. On ne peut que s'en féliciter... Quant à l'affaire de M. Terret, elle est toujours en suspens.

Le commentaire du Médiateur

La loi du 13 août 2004 poursuit l'objectif légitime d'un contrôle approfondi des arrêts maladie. Mais elle reconnaît qu'il doit s'accompagner d'une information complète des assurés sur leurs droits et obligations. Les formulaires seront désormais plus clairs pour les médecins comme pour les malades. Cette loi a d'autre part donné gain de cause à une proposition de réforme du Médiateur de la République. Désormais, les assurés sociaux peuvent saisir le tribunal des affaires de la Sécurité sociale (TASS) s'ils estiment que les sanctions que leur inflige leur caisse primaire d'assurance maladie, en cas de fraude ou de manquement à leurs obligations, sont excessives. Le juge peut en effet contrôler l'adéquation du montant de la sanction prononcée par la caisse à l'importance de l'infraction commise par l'assuré, ce qui n'était pas le cas avant.

19. Assedic – délai de carence

La beauté cachée des délais...

Les Assedic s'embrouillent dans le calcul des délais de carence qui s'appliquent aux personnes indemnisées. Attention : les citoyens risquent d'y voir une preuve de mauvaise volonté...

Mme Vial est licenciée économique en février 2004, après plus de douze années passées dans son entreprise. Elle s'inscrit au chômage. Et là, mauvaise surprise : l'Assedic lui annonce que pour pouvoir toucher les allocations auxquelles elle a droit, elle va devoir attendre un certain temps ! Mme Vial se voit tout d'abord infliger un délai de carence de trente-deux jours, correspondant à l'indemnité de congés payés qu'elle a perçue à la fin de son contrat de travail. Bon, celui-là, elle s'y attendait. Mais pas à ce que s'y ajoutent soixante-quinze jours, dus au montant de ses « indemnités de licenciement », qui pourtant n'ont rien de mirifique. Au total, cela se solde pour elle par une période de quatre mois après son licenciement, pendant laquelle elle ne percevra pas d'allocations de chômage, et donc pas de revenus. Mme Vial reprend les textes et conteste les calculs qui aboutissent à lui imposer ce délai de carence de soixante-quinze jours, mais on ne l'entend pas ! Selon l'article 30 du règlement annexé à la convention Unedic du 1er janvier 2004, l'Assedic peut en effet appliquer un délai de carence avant de verser les allocations dues si le salarié licencié a reçu des indemnités, ou toute autre somme, d'un montant supérieur à celui que prévoit le code du travail. C'était bien le cas de Mme Vial. Mais ce délai doit être proportionnel aux sommes reçues (on divise le montant des indemnités de départ par le salaire journalier de référence de l'intéressé), et ne peut en aucun cas dépasser soixante-quinze jours. Or, infliger ce délai de carence maximal à Mme Vial n'était absolument pas justifié au regard des indemnités qu'elle avait reçues.

Il faudra pourtant l'intervention et les explications du délégué du Médiateur de la République pour que l'Assedic reconnaisse son erreur. La carence est ramenée à onze jours, soit un gain de plus de deux mois d'indemnités de chômage. Pas négligeable dans un budget.

Le commentaire du Médiateur

Le Médiateur de la République peut s'étonner d'avoir à calculer les délais de carence d'un chômeur... La réglementation est certes pointilleuse, mais l'opération de calcul en elle-même n'a rien de si compliqué. De plus, calculer des délais de carence fait partie du quotidien des services des Assedic, dans la mesure où la plupart des conventions collectives accordent des indemnités de licenciement supérieures à celles prévues par le code du travail.

20. Assedic – indu

Sept ans de réflexion !

Après une première réclamation d'un indu enlisée dans les sables, l'Assedic revient à la charge sept ans plus tard.

En 1995, l'Assedic notifie à M. Duluc un trop-perçu d'un montant de 5 183 €, correspondant aux allocations spéciales du Fonds national pour l'emploi (FNE) qui lui ont été versées entre le 16 avril 1993 et le 30 septembre 1995. M. Duluc conteste cette décision, mais ses demandes d'explications restent sans réponse. Pourtant, le 2 août 1996, la trésorerie générale lui adresse un courrier l'invitant à communiquer les éléments nécessaires à l'instruction d'un recours gracieux. Ce que M. Duluc fait dans les plus brefs délais. Puis, plus rien... Alors que le dossier semble gentiment enlisé dans un tiroir de l'administration, le 6 août 2003 – sept ans plus tard ! –, M. Duluc reçoit une lettre de rappel de la trésorerie générale exigeant le versement des fameux 5 183 €. Très vite, le ton se durcit : le courrier est suivi d'un commandement à payer. Mais M. Duluc est gravement malade, cette histoire n'est plus sa priorité, ni celle de son entourage.

Après son décès, survenu quelques semaines plus tard, le 19 septembre 2003, sa veuve saisit le Médiateur de la République. Celui-ci pointe l'absence de motivation de la décision prise par l'administration, malgré des demandes d'explications réitérées de l'intéressé, ainsi que le délai anormalement long entre la première démarche et le rappel de la trésorerie générale. Les arguments font mouche. La trésorerie générale accepte, après une nouvelle étude du dossier, une remise gracieuse de 4 183,27 €, sous réserve du paiement du solde (soit 1 000 €) en vingt mensualités de 50 €. Quant à savoir le pourquoi du comment – quelle explication à la lenteur de l'administration dans le traitement de ce dossier ? –, le mystère restera entier...

Le commentaire du Médiateur

Un tel cas est rarissime. Heureusement ! Car comment établir des responsabilités tant d'années après les faits ? Cela dit, tous les travers classiques de l'administration se retrouvent ici : absence d'explication, silence...

21. Assedic – réadmission

Partie de ping-pong entre l'Assedic et La Poste

Après une période de chômage, M. Bernard se retrouve salarié à La Poste d'avril à novembre 2002. Puis il s'inscrit à nouveau comme demandeur d'emploi. Et là, mauvaise surprise : l'Assedic refuse de l'indemniser. Motif : M. Bernard peut prétendre à l'attribution de nouveaux droits à indemnisation, supérieurs au reliquat que lui doit l'assurance chômage et datant de sa précédente inscription. Mais c'est à son dernier employeur public, c'est-à-dire La Poste, de prendre en charge cette indemnisation. Or, La Poste, qu'il avait d'abord contactée, lui a déjà opposé une fin de non-recevoir. Pour elle, pas de doute : c'est à l'Assedic d'indemniser

M. Bernard ! De quoi y perdre son latin. Mais pendant ce temps-là, il faut payer son loyer, régler ses factures...

Las d'être ainsi ballotté de l'un à l'autre, M. Bernard sollicite l'aide du Médiateur de la République pour tenter de démêler la logique de l'histoire dont il fait les frais. En fait, l'Assedic considère, à juste titre, que l'indemnisation de M. Bernard doit se faire dans le cadre d'une réadmission, puisqu'il n'avait pas épuisé ses droits lorsqu'il est entré comme salarié à La Poste. Or, dans ce cas, selon l'article R 351-21 du code du travail, l'administration compare les droits ouverts au titre de cette réadmission au reliquat de droits de la précédente admission. C'est la formule la plus avantageuse pour le demandeur d'emploi qui est retenue. Lorsque la nouvelle admission permet de bénéficier des droits les plus élevés, l'allocation est à la charge de l'employeur ou de l'institution de chômage qui décide de cette nouvelle admission. Dans le cas de M. Bernard, c'était donc bien à La Poste, un employeur public en auto-assurance, de prendre en charge l'indemnisation de M. Bernard. Après moult discussions avec l'Assedic, La Poste a fini par le reconnaître. Mais il était tellement tentant de se défiler !

Le commentaire du Médiateur

Ce cas est à rapprocher du cas numéro 7. Les employeurs publics en auto-assurance, par méconnaissance, inertie ou manque de moyens budgétaires, adoptent très souvent une position de déni de droit envers leurs anciens employés. Au mieux, ils cherchent par tous les moyens à gagner du temps. En matière d'indemnisation du chômage, les salariés non titulaires du public sont beaucoup plus mal lotis que les salariés du privé. De très nombreux cas sont soumis au Médiateur de la République qui ne peut que tenter de convaincre l'employeur public fautif de respecter les règles, faute de pouvoir le contraindre.

22. Assurance maladie

Handicap, grande cause nationale !

Une CPAM décide de ne plus prendre en charge le transport d'un enfant handicapé. Coût pour les parents : plus de 10 000 €.

M. et Mme Gilles ont un fils, Louis, atteint d'un handicap mental. Né en mars 1992, il est scolarisé à mi-temps dans une école privée et pris en charge dans un hôpital de jour l'autre moitié du temps. Ne pouvant effectuer les allers et retours quotidiens imposés par la situation de leur enfant, les parents de Louis font appel à un taxi privé agréé par l'assurance maladie. Celui-ci pratique le tiers payant : l'assurance maladie lui règle directement les frais de transport qu'elle prend en charge, et les assurés sociaux n'ont donc pas à faire l'avance d'argent. Au début, tout se passe bien. Pour novembre et décembre 2002, la caisse primaire d'assurance maladie (CPAM) dont dépendent M. et Mme Gilles, rembourse au transporteur la totalité des dépenses engagées pour les déplacements du petit garçon. Puis, de façon inexpliquée, elle ne le fait plus qu'à hauteur de 65 % pour les mois de janvier à juin 2003. À la rentrée, pis encore : la CPAM verse royalement au transporteur 10 % des frais engagés pour septembre et octobre, et 20 % pour novembre.

Fin 2003, le transporteur craque. Il informe les époux Gilles qu'il ne peut plus assumer les déplacements de leur fils dans ces conditions et leur réclame la part des dépenses non prises en charge par la CPAM au cours des derniers mois, soit la bagatelle de 10 589 €. À aucun moment, pendant tous ces mois, la CPAM n'a jugé utile de signifier à M. et Mme Gilles que les conditions de prise en charge des frais de transport de leur fils étaient modifiées. Ce silence a interdit aux parents de Louis toute possibilité de recours amiable et contentieux. Le courrier de demande d'explications qu'ils ont adressé à la CPAM en décembre 2003 n'a pas reçu de réponse. Et leur demande d'aide financière introduite auprès du fonds d'action sociale de la CPAM est restée sans suite. De quoi devenir fou...

La CPAM a toutefois été plus réceptive aux arguments du médiateur de la République. Elle a finalement accepté de prendre en charge la totalité des dépenses de taxi du jeune Louis pour la période litigieuse, et a versé directement au transporteur le solde des remboursements. Mais à l'avenir, comment la famille du petit garçon fera-t-elle face à ces frais pourtant indispensables à son éducation ? Une fois de plus, les parents d'un enfant handicapé se retrouvent bien seuls.

Le commentaire du Médiateur

Dans ce cas encore, on voit se poser le problème de la mauvaise information des assurés sociaux, et du manque de considération dont ils pâtissent. On ne prévient pas, on n'explique pas. Lorsqu'une CPAM modifie les conditions ou le niveau de sa prise en charge, sa décision n'est pas forcément arbitraire. Elle est même généralement justifiée par les textes en vigueur. Mais ces modifications brutales peuvent poser de graves difficultés aux familles concernées. La moindre des choses serait donc de les prévenir, d'anticiper avec elles les conséquences de ces modifications et de les aider à trouver des solutions.

23. Barème kilométrique

La carte grise n'est pas un titre de propriété.

Pour son travail, M. Lemoine fait chaque jour plusieurs dizaines de kilomètres et doit utiliser sa voiture personnelle. Au moment de remplir sa déclaration de revenus pour l'année 2000, il décide de renoncer à la déduction forfaitaire de 10 %, et de défalquer de son revenu imposable les frais réels occasionnés par ses trajets professionnels au cours de l'année écoulée. Cette formule lui paraît en effet, dans son cas, plus avantageuse. Il fait son calcul à partir du barème kilométrique de l'administration fiscale applicable aux trajets effectués en voiture. Mais le fisc ne l'entend pas de cette oreille : il refuse purement et simplement. Bon prince cependant, il prend la peine de s'expliquer à M. Lemoine. Il rappelle que ce barème kilométrique « ne peut être utilisé qu'à la stricte condition d'être propriétaire du véhicule ». Or, M. Lemoine n'est pas propriétaire des véhicules dont il s'est servi pour ses déplacements professionnels, puisque les cartes grises ne sont pas à son nom ! La déduction des frais réels ne peut donc être appliquée, et les services des impôts rétablissent d'office la déduction forfaitaire de 10 %. Du coup, le revenu imposable de l'intéressé passe de 56 803 francs (8 660 €) à 72 027 francs (10 980 €). Et bien sûr, l'impôt sur le revenu dont il est redevable croît en conséquence.

Mais M. Lemoine contre-attaque : si les cartes grises ont effectivement été établies au nom de sa mère, il est pourtant bien le propriétaire des véhicules utilisés. Et pour que ses droits soient reconnus, il fait appel au délégué du Médiateur de la République. Celui-ci rappelle à la direction des services fiscaux que « la carte grise (...) ne peut en aucun cas être considérée comme un titre de propriété » (article 2.2 de l'arrêté du 5 novembre 1984 modifié). C'est un premier point marqué. Mais M. Lemoine peut également prouver qu'il est bien le propriétaire de ces véhicules en produisant les justificatifs bancaires de leur achat. Ses dires deviennent alors irréfutables. Dans les trois mois qui ont suivi l'intervention du délégué, la direction des services fiscaux a prononcé le dégrèvement d'impôt souhaité par M. Lemoine.

Le commentaire du Médiateur

Contrairement à une idée reçue, la carte grise ne vaut pas titre de propriété. Si l'on peut comprendre que des citoyens l'ignorent, il est plus étonnant que les services fiscaux fassent cette confusion. Par ailleurs, ce cas illustre l'importance de la preuve. M. Lemoine a vu ses droits rétablis dès l'instant où il a apporté la preuve qu'il disait vrai et se conformait aux textes. D'où l'importance de conserver précieusement certains documents, en matière bancaire, fiscale ou sociale notamment.

24. Carte grise

Casse-tête à la préfecture

Comment un simple administré pourrait-il connaître une réglementation, si les services de la préfecture eux-mêmes doivent se renseigner auprès de leur ministère ?

Mme François part s'installer en Suisse, avec sa voiture immatriculée en France. Dans son pays d'accueil, elle fait procéder à une nouvelle immatriculation. Deux ans plus tard, elle revient en France avec la même voiture, ainsi qu'une autre achetée en Suisse. Elle souhaite obtenir des cartes grises françaises, mais ne sait trop comment s'y prendre.

Elle demande donc conseil au délégué du Médiateur de la République. Subodorant quelques difficultés, celui-ci contacte le service compétent de la préfecture – le bureau des usagers de la route – qui doit lui-même demander à son ministère un certain nombre de précisions avant d'être en mesure d'indiquer la marche à suivre... Bref, des démarches à la portée de tous ! Renseignements (enfin) obtenus, Mme François doit fournir un certificat de dédouanement. Pour son véhicule précédemment immatriculé en France, elle peut obtenir gratuitement une nouvelle carte grise française, sans avoir à passer par le service des Mines. En revanche, pour le véhicule acheté en Suisse, il lui faut un rapport – payant – du service des Mines avant de solliciter l'immatriculation en France. De quoi opter définitivement pour la marche à pied...

Le commentaire du Médiateur

Cet exemple illustre à quel point la fonction d'information des délégués du Médiateur de la République est importante face à une réglementation de plus en plus complexe que les administrations elles-mêmes ont du mal à maîtriser. Sur les 51 193 affaires traitées en 2004 par les 292 délégués, plus de 55 % étaient des demandes d'information et d'orientation, portant sur le fonctionnement des services publics, sur les conditions d'obtention d'une prestation, sur le déroulement d'une procédure...

25. Cession de parcelles

Dialogue rompu à Clochemerle

Lors des inondations de septembre 2002, dans une petite commune située au nord de Nîmes, une partie du mur de la propriété de Mme Blanchard s'effondre sur la voie publique. La mairie fait dégager les ruines dans l'urgence et procède à la mise en sécurité des lieux. Une fois le sinistre indemnisé par l'assurance, la propriétaire sollicite l'autorisation de reconstruire le mur. Mais le maire l'informe alors que la municipalité projette d'élargir la voie communale qui jouxte sa propriété. Il souhaiterait, à cette fin, acquérir une bande de 1,50 m sur son terrain. Des négociations s'engagent sur le prix de la cession. Après plusieurs mois de palabres, désireuse d'en finir, Mme Blanchard décide d'accepter la proposition initiale de la municipalité. Mais le maire ne paraît plus vouloir donner suite. Il n'en persiste pas moins à refuser à Mme Blanchard l'autorisation de reconstruire son mur ! Et voilà qu'à force d'atermoiements, la partie de mur qui était jusque-là restée debout menace de s'écrouler à son tour...

Aussi inquiète qu'agacée, pour tenter de sortir de cette situation ridicule, Mme Blanchard saisit du dossier le délégué du Médiateur de la République. Ce dernier intervient auprès du maire auquel il propose une transaction. Enfin, la situation se débloque ! Peu de temps après, le maire fait savoir au délégué du Médiateur de la République que l'arrangement proposé a été accepté par le conseil municipal. Le litige est résolu, et Mme Blanchard peut faire reconstruire son mur... juste avant les intempéries de l'automne 2004 !

Le commentaire du Médiateur

Comment passer de la confrontation à l'accord ? Ce rôle de médiation et de conciliation n'est pas l'apanage du Médiateur de la République. En cas de blocage, chaque citoyen peut demander à une personne de son entourage de l'aider à renouer les fils du dialogue, que ce soit avec un représentant de l'administration ou un élu.

26. Communication d'un arrêté

Petite cachotterie à l'académie

Mme Galois vient de prendre sa retraite d'enseignante. Et voilà qu'on lui réclame un rappel de salaire de plus de 5 000 € ! Dans son malheur, elle a de la chance : l'administration lui expose sans détours le pourquoi du comment. Au cours des deux dernières années scolaires où elle était en activité, Mme Galois a obtenu un congé de longue durée. Il faisait suite à plusieurs arrêts maladie qui avaient ponctué les trois années précédentes. Ces congés ont eu des incidences sur ses droits à rémunération. Mais les ajustements de salaire n'ont pas été faits immédiatement. Sur le plan juridique, le rappel demandé est donc tout à fait fondé. Après avis du comité médical supérieur, l'inspection de l'académie avait en effet accordé à Mme Galois un congé de longue durée, englobant rétroactivement les congés de maladie « normaux » pris les années précédentes. Ce qui, au total, lui donnait droit à trois ans de rémunération à plein traitement, puis deux ans à demi-traitement. Mme Galois s'acquitte donc auprès du Trésor public de la somme qui lui est réclamée. Puis elle contacte sa mutuelle complémentaire, la MGEN, pour que celle-ci lui verse rétroactivement les indemnités journalières auxquelles elle avait droit, lorsque dans le cadre de son congé de longue durée, elle est tombée à demi-traitement. Et ce, jusqu'à son départ en retraite.

Pour constituer son dossier, elle demande une copie de l'arrêté de l'inspecteur d'académie qui l'avait placée en congé de longue durée. Et là, elle se heurte à un mur ! Pas de réponse, pas d'explication. Il faudra l'intervention d'un délégué du Médiateur de la République pour que les services de l'inspection académique daignent enfin transmettre à Mme Galois la précieuse copie. Comment une formalité en apparence toute simple peut-elle prendre de telles proportions ?

Le commentaire du Médiateur

Que faire lorsqu'une administration se montre réticente à fournir un document, alors que des droits dépendent de cette communication ? On comprend mal une telle attitude. Il n'y a aucun enjeu, aucune difficulté à résoudre. Malheureusement, cet exemple n'est pas un cas isolé. L'administration doit impérativement engager une réflexion d'une part, sur la gestion des ressources humaines, d'autre part, sur le respect dû aussi bien à ses anciens salariés qu'aux administrés. Toute demande justifiée devrait automatiquement être suivie d'effets.

27. Contravention – erreur de saisie

Petit déraillement à la SNCF.

Le 10 juin 2004, M. Laurent attrape un train au vol, sans billet. Et néglige de signaler son cas aux contrôleurs de la SNCF qui sont à bord. À leur passage, il est verbalisé. Montant de l'amende : 57 euros. Le 15 juillet, il reçoit une relance de la part de l'unité de gestion des contraventions pour non-règlement de cette amende. Le 22 novembre, le ton se durcit encore : M. Laurent reçoit un « dernier avis avant poursuites pénales ». Normal, direz-vous. Pourquoi faire ainsi la forte tête pour 57 € ? Le seul petit problème, c'est que M. Laurent a payé la contravention, en gare, dès le 8 juillet ! Certes, il a mis trois semaines pour s'acquitter de son dû, mais dès la première relance, il était « en règle ». La SNCF, pourtant, reste étrangement sourde à ses protestations.

Suite à l'intervention de la déléguée du Médiateur de la République, le centre de recouvrement des amendes de la SNCF reconnaît enfin une erreur de saisie. Le règlement du procès-verbal de M. Laurent avait été attribué à un autre dossier...

Le commentaire du Médiateur

Il y a eu visiblement un dysfonctionnement du service comptable de la SNCF : d'abord, il a affecté le paiement à une contravention qui n'était pas celle de M. Laurent, puis il n'a pas tenu compte de sa protestation. Dans des cas similaires, il arrive que la SNCF réclame, outre le montant de l'amende, des « frais de saisie » pour l'envoi de la relance, et renâcle à renoncer à leur recouvrement alors même que cette relance n'avait pas lieu d'être. Cela dit, la meilleure façon d'éviter ce type de désagrément reste évidemment de ne pas se mettre en situation irrégulière !

28. Coupure EDF

« Une ténébreuse affaire »

Ils ont d'abord cru à une panne. Plus de lumière, plus de chauffage, plus d'eau chaude... En plein mois de janvier. La nuit, la température extérieure atteint moins quatre degrés. Au bout de quelques heures, ces cinq familles, dont un couple de personnes âgées, locataires d'un petit immeuble d'une ville de l'Est, doivent se rendre à l'évidence : EDF leur a purement et simplement – et tout à fait sciemment – coupé le courant. Pour factures impayées. Pour ces foyers qui ont la conviction de s'être régulièrement acquittés de leur dû, c'est l'incompréhension totale. Puis la colère, quand ils comprennent les raisons de leur mésaventure. Chaque mois, leur propriétaire prélevait en même temps que le loyer le montant prévisible de la consommation électrique... mais il ne réglait pas EDF !

Malgré leur bonne foi, il faudra une semaine, avec l'aide d'un délégué du Médiateur de la République, pour qu'EDF leur rétablisse le courant. En principe, la loi (les articles L. 115-3 et L. 261-4 du code de l'action sociale et des familles) prévoit le maintien d'une fourniture minimale d'eau et d'énergie en faveur des particuliers qui rencontrent des difficultés pour régler leurs factures. Mais nos infortunés locataires n'avaient même pas pu profiter de ces dispositions. Elles étaient en effet inapplicables, car le propriétaire avait souscrit auprès d'EDF un contrat « professionnel » et ne déclarait qu'un compteur pour l'ensemble de ses locataires.

Le commentaire du Médiateur

Le pire a été évité ! La fourniture du courant a heureusement été rétablie dans des délais assez brefs. EDF a finalement admis la bonne foi des requérants et reconnu l'incongruité de la situation. On ne peut qu'inviter les locataires à faire preuve de vigilance lors de la signature de leur bail s'ils ne veulent pas être victimes de propriétaires sans scrupules. Cette histoire souligne aussi les difficultés et les litiges que peut engendrer l'absence de compteur individuel.

29. Déclaration d'acquisition de la nationalité française par possession d'état de Français

Afin d'obtenir le renouvellement de papiers d'identité, M. Aker fournit à l'appui de sa demande un certificat de nationalité française, comme le font toutes les personnes dont les parents sont nés à l'étranger. Et c'est la stupéfaction : les services préfectoraux lui annoncent qu'il n'est pas français, alors qu'il pensait l'être depuis quarante ans ! M. Aker fait valoir les certificats de nationalité française, les cartes d'identité et les cartes d'électeur qui lui ont été délivrés au fil des années. L'administration reste inflexible et parle d'« erreur ».

Une erreur de quarante ans, pas moins...

L'affaire est portée devant les tribunaux par le procureur de la République. Nouvelle stupéfaction : le Parquet confirme que M. Aker, français « par erreur », doit changer de nationalité.

Suite à l'intervention du Médiateur de la République, M. Aker va pouvoir redevenir français, en souscrivant une « déclaration d'acquisition de la nationalité française par possession d'état de français ». En effet, le code civil (article 21-13) prévoit qu'une personne considérée française, par erreur, pendant au moins dix ans de façon continue, peut régulariser sa situation par le biais d'une « déclaration d'acquisition de la nationalité française par possession d'état de Français ». Cette déclaration se fait soit devant le juge d'instance compétent en fonction du domicile de la personne, soit devant le consul ou le consul général de France si l'intéressé réside à l'étranger.

Cette « possession d'état de Français » se traduit par le fait d'avoir obtenu des documents d'identité ou officiels français (carte d'identité, passeport, carte d'électeur...). Le texte qui autorise cette procédure exige également de « s'être comporté comme un Français », une notion qui recouvre la participation au service national ou aux scrutins électoraux.

Pour des raisons étranges, cette procédure de déclaration reste assez « secrète »...

Le commentaire du Médiateur

La difficulté de ce requérant traduit l'inquiétude, le traumatisme, l'indignation, voire l'humiliation de centaines de milliers de personnes qui ne sont pas aussi françaises qu'elles le croyaient ! Le plus révoltant est que l'administration n'hésite pas à recourir à la justice alors qu'une solution simple existe dans les textes, permettant en outre d'éviter aux magistrats une surcharge de travail inutile.

Avoir été considéré comme Français pendant une période de dix ans interdit toute remise en cause de la nationalité. Tel est le message qui doit être retenu. Aucune personne dans ce cas ne doit plus se laisser impressionner par l'argument de prétendues erreurs.

30. Demande d'asile

« Vous n'avez pas le bon papier ! »

De la difficulté de fournir un document impossible à obtenir...

En proie à des pressions et des menaces répétées, M. Isso fuit le Cameroun où il est devenu politiquement indésirable. Il se réfugie en France. Il sait qu'un véritable marathon administratif l'attend pour régulariser sa situation. Mais qu'à cela ne tienne ! Après tout, il en a vu d'autres. En décembre 2003, il entame des démarches pour déposer une demande d'asile auprès de l'OFPRA. À ce titre, il bénéficie d'une autorisation provisoire de séjour (APS) qui lui est délivrée par la préfecture. Bon, cela ne démarre pas si mal ! Pour prouver les mauvais traitements qu'il dit avoir subis au Cameroun, M. Isso doit subir des examens médicaux. Ce qu'il est prêt à faire, mais il n'a pas les moyens de payer de sa poche les frais occasionnés par ces examens. Il demande donc à bénéficier de la couverture maladie universelle (CMU), comme les textes en prévoient la possibilité pour les demandeurs d'asile. Muni de son autorisation provisoire de séjour, il se rend au guichet de la caisse primaire d'assurance maladie (CPAM). C'est là que ses ennuis commencent. Car la dame du guichet est inflexible : « Vous n'avez pas le bon papier. » M. Isso demande des précisions. On lui indique que pour obtenir la CMU, l'APS ne suffit pas – heureusement, il a eu le temps de se familiariser avec les sigles ! Il lui faut produire le récépissé officiel du dépôt de son dossier de demande d'asile à l'OFPRA... une pièce qu'il ne peut évidemment pas fournir, puisque son dossier est précisément en cours de constitution !

Confronté à ce refus, M. Isso ne baisse pas les bras. Sur le conseil d'une association, il prend contact avec le délégué du Médiateur de la République. Celui-ci saisit le directeur de la CPAM en s'étonnant de l'interprétation très restrictive des textes pratiquée par ses services. Une petite goutte d'huile dans les rouages, et grâce à cette intervention, M. Isso obtient la CMU. Voilà une étape franchie dans la constitution de son dossier. Il y en aura d'autres. Courage, M. Isso...

Le commentaire du Médiateur

Voici un exemple classique d'interprétation pointilleuse des textes par une administration, et du blocage de tout un processus qui peut en découler. Très souvent, les administrés ont la sensation de tourner en rond. Un papier, un certificat, une attestation, un récépissé... en conditionnent un autre, mais deux administrations ou deux services se renvoient la balle, chacun ayant son interprétation sur l'ordre respectif dans lequel ils doivent être délivrés. Ces parties de ping-pong sont insupportables pour les personnes qui en subissent les conséquences, surtout lorsqu'elles sont dans une situation difficile.

31. Détention

Des nouveaux cas de double peine...

Parce que l'on a commis une faute, doit-on continuer à payer après avoir purgé sa peine ? Qui a fait l'expérience de la prison doit méditer la question.

Depuis le début de l'année 2005, des délégués du Médiateur de la République tiennent des permanences dans un certain nombre d'établissements pénitenciers. En quelques mois, ces moments d'écoute ont permis de mettre à jour des difficultés jusque-là insoupçonnées rencontrées par les détenus. Des bribes d'histoires soulignant des incohérences législatives lourdes de conséquences humaines...

M. L, par exemple, a été incarcéré pendant une semaine. À sa sortie, l'Assedic lui signifie qu'il a perdu ses droits aux allocations chômage qui lui étaient versées avant sa courte période de détention. M. D, incarcéré pour quelques mois, perd quant à lui le bénéfice de sa pension d'invalidité... La loi du 19 janvier 1994 avait pourtant le souci d'améliorer la protection sanitaire des détenus. Ce texte a instauré l'affiliation obligatoire au régime général de Sécurité sociale pour toutes les personnes incarcérées, prévenues et condamnées. Cette couverture se substitue à une prise en charge par l'administration pénitentiaire et ouvre droit aux prestations en nature de l'assurance maladie et maternité (remboursement des frais de santé). Une fois libérés, les ex-détenus, ainsi que leurs ayants droit, bénéficient de ces mêmes prestations en nature de l'assurance maladie et maternité pendant une période de quatre ans, soit au titre du régime obligatoire auquel ils étaient affiliés avant leur détention, soit au titre du régime général.

Mais cette réforme a aussi des effets pervers. En effet, dès le premier jour de leur incarcération, même en cas de détention provisoire, les détenus perdent le droit de percevoir des indemnités journalières. Mais – problème ! – ils ne retrouvent pas ce droit à leur libération. Une véritable double peine ! Cette situation injuste devient insupportable pour les assurés sociaux faisant l'objet d'une détention provisoire ou de courte durée. Et elle s'apparente, dans les cas de relaxe, d'acquittement ou de non-lieu, à une sanction infondée.

Le commentaire du Médiateur

Avant la loi du 19 janvier 1994, les détenus recouvraient leurs droits au versement d'indemnités journalières dès l'instant où leur détention était inférieure à une durée de douze mois. Une proposition de réforme a donc été déposée par le Médiateur de la République en mars 2002 pour que les droits sociaux acquis avant l'incarcération soient préservés lorsque la période de détention n'excède pas douze mois. Celui-ci est très attentif à la suite qui sera donnée à cette réforme dont l'objectif doit être la disparition totale de la double sanction.

32. Dommages créés aux tiers

À qui la faute ? À la nature ou aux bâtisseurs ?

Il est très difficile d'engager la responsabilité d'une collectivité publique. Sur le plan collectif, c'est plutôt bien. C'est une façon de veiller au bon usage de l'argent public, c'est-à-dire de nos impôts. Mais quand un individu veut faire reconnaître les dommages qu'il subit, c'est une autre affaire ! M. Michel est propriétaire d'une résidence située en bordure de chemin départemental. Régulièrement, son jardin et sa maison sont inondés. Pour lui, pas de doute, les sinistres dont il est victime sont dus à un défaut de conception de l'ouvrage routier. M. Michel demande donc réparation au département. Lequel, bien sûr, refuse de voir engagée sa responsabilité et affirme que les dommages subis relèvent de phénomènes naturels, le site en question étant constitué de marécages. Fin du dialogue.

Pas du tout convaincu par cet argument, M. Michel fait appel au Médiateur de la République. Celui-ci lui conseille de saisir le tribunal administratif afin d'obtenir la nomination d'un expert qui pourra procéder à des investigations techniques. Les conclusions de l'expert sont claires : marécages peut-être, mais il y a bien eu une faute de l'administration lors de la conception de la route. En s'appuyant sur ce rapport, le Médiateur de la République a pu souligner la responsabilité de la collectivité locale et obtenir que des travaux soient entrepris pour mettre un terme à ces sinistres et réparer les dégâts des précédentes inondations.

Le commentaire du Médiateur

L'origine d'une inondation reste toujours délicate à déterminer. Le recours à l'expert était donc indispensable. Et ce, d'autant plus qu'une commune ne peut jamais payer une somme avant que sa responsabilité éventuelle soit dûment établie. Ce principe d'ordre public ne souffre aucune exception, et une collectivité ne peut s'y soustraire, sauf à engager gravement sa responsabilité dans la mesure où il s'agit de deniers publics.

33. Éducation nationale

Démission... et conséquences !

Recrutée dans le cadre des « emplois-jeunes », Mlle Tardier démissionne de son poste d'aide éducatrice dans un collège à compter du 1er septembre 2003. Un mois plus tard, en octobre, l'agent comptable de l'établissement qui gère les emplois-jeunes lui réclame un trop-perçu de 31,67 €, sans aucune explication. Pensant qu'on lui demande, par erreur, de rembourser la journée du 31 août qu'elle a pourtant travaillée, Melle Tardier ne réagit pas immédiatement. Puis oublie. Le 20 janvier 2004, elle reçoit une nouvelle lettre du même agent comptable qui, cette fois, la menace « de lancer à son encontre une procédure exécutoire par voie d'huissier ». Bref, de lui mettre l'huissier aux trousses pour un peu plus de 30 €, somme qu'elle a en outre la conviction de ne pas devoir ! Prenant malgré tout la menace au sérieux, Melle Tardier adresse aux services du rectorat, plus précisément à la délégation académique des emplois-jeunes, un chèque de 31,67 €. Ce chèque lui est réexpédié, accompagné d'un bulletin de salaire de février 2004 affichant un net à payer de 35,55 € pour rappel sur rémunération principale... Toujours une somme tournant autour de 30 €. Melle Tardier pense donc, de bonne foi, que tout est rentré dans l'ordre. Erreur... Peu de temps après, la porte de son appartement est forcée par un huissier, son ordinateur et sa télévision sont saisis, son compte bancaire est bloqué avec saisie-attribution d'une somme de 304,08 € ! Toujours sans la moindre explication de la part des services de l'Éducation nationale.

Stupéfaite, Mlle Tardier sollicite l'aide d'un délégué du Médiateur de la République. Le rectorat, interpellé, se décide enfin à expliquer les faits et leur chronologie. La démission de Melle Tardier est enregistrée le 30 août 2003, alors que les salaires de ce mois sont déjà mis en paiement. Le 14 octobre, le chef d'établissement du lycée chargé de la gestion financière des emplois-jeunes émet un titre de perception réclamant la somme indue (31,67 €), soit une journée de salaire qui aurait été versée en trop sur le salaire d'août. Sans réponse de Melle Tardier – on ne plaisante pas, à l'Éducation nationale ! –, il émet un état exécutoire, en clair, il passe à la procédure avec huissier, dès le 25 novembre. Pourtant, le 15 décembre, le collège qui employait Melle Tardier signale au rectorat que celle-ci a bien travaillé jusqu'au 1er septembre. Une régularisation de salaire est alors opérée par la trésorerie générale. Mais parallèlement, la première procédure suit son cours ! Or, Melle Tardier, à qui l'on avait demandé d'établir un chèque à l'ordre de l'agent comptable de l'établissement gestionnaire des emplois-jeunes pour solder le trop-perçu de 31,67 €, s'est trompée. Elle a libellé le chèque à l'ordre de la délégation académique des emplois-jeunes. Qui le lui renvoie, car elle n'a pas le pouvoir d'encaisser des chèques. Une nouvelle demande de règlement est alors adressée le 20 janvier 2004 à Mlle Tardier. Et la procédure exécutoire par voie d'huissier est lancée. Que d'énergie pour 30 € ! Mais au rectorat, la machine administrative poursuit son chemin, inexorablement. Et l'on souligne dans la réponse adressée au délégué du Médiateur que : « En dépit des informations et des avertissements dont elle a été destinataire », Melle Tardier « n'a pas pris la mesure des désagréments auxquels elle s'exposait ». On indique toutefois que les frais d'huissier occasionnés par cette affaire seront pris en charge par l'administration... Voilà déjà un geste. Mais il est difficile de parler de générosité, quand Mlle Tardier n'a jamais été redevable d'un seul centime à l'Éducation nationale !

Le commentaire du Médiateur

C'est la logique du « coup parti » : une procédure suit son cours, même si elle n'a plus de raison d'être. Pourquoi une telle étanchéité entre les différents services de l'Éducation nationale ? Pourquoi justifier des méthodes aussi agressives, alors que les sommes en jeu sont si dérisoires ? Ces dysfonctionnements graves sont dus essentiellement à un défaut – classique, hélas ! – de communication entre services et également au sein d'un même service. D'autre part, il est indispensable que, dans tout courrier adressé à un citoyen ou un agent public, l'administration précise toujours le service auquel celui-ci doit s'adresser. Et qu'elle mette en place un suivi de chaque dossier par un interlocuteur compétent.

34. Emprise irrégulière et voie de fait

Des travaux entrepris sur un terrain... sans l'accord du propriétaire

Pour faciliter la circulation ou aménager des parcours de promenade, les municipalités décident fréquemment d'élargir des chemins communaux – ce qui impose, en général, de « mordre » sur les terrains des propriétaires riverains. Un beau jour, M. Roger voit ainsi débarquer des engins de chantier sur son champ, sans avoir été averti de quoi que ce soit ! Or, pour ce type de travaux, la commune est soumise à une procédure rigoureuse. L'article L141-3 du code de la voirie routière prévoit en effet que toute décision relative à « l'emprise » des voies communales (leur débordement sur des terrains privés) doit faire l'objet d'une délibération en conseil municipal. La décision du conseil municipal est prise après une enquête publique sur le bien-fondé des travaux envisagés – ils doivent être d'« utilité publique » – menée par un commissaire-enquêteur, et au cours de laquelle les citoyens sont largement informés du projet. Cette procédure implique d'autre part que la commune acquière les terrains nécessaires à l'aménagement prévu, soit de gré à gré à titre onéreux ou gracieux, soit par le biais d'une expropriation.

M. Roger tente de faire valoir son bon droit auprès de la municipalité, mais sans succès. Il saisit alors le Médiateur de la République. Celui-ci rappelle à la commune que, en ne respectant pas le code de la voirie routière, elle a procédé à une emprise irrégulière sur le terrain de M. Roger, ce qui constitue une voie de fait. Des mots qui font peur ! La commune retrouve soudain le droit chemin et s'engage à régulariser la situation. Elle sollicite l'avis de l'administration des Domaines sur la valeur vénale au mètre carré du terrain concerné afin de fixer le montant de l'indemnité due à M. Roger, avec prise en compte du retard de régularisation. En possession de ces éléments, le conseil municipal peut délibérer, faire établir un document d'arpentage et signer l'acte authentique. Et les travaux peuvent s'achever en toute légalité...

Le commentaire du Médiateur

Il y a eu dans cette affaire un grave dysfonctionnement de la part de la municipalité, et M. Roger a subi une violation de la propriété privée. Trop souvent, on constate que les petites communes ne sont pas au fait de la législation en vigueur. Ou ont pris la mauvaise habitude de « s'arranger » avec. Ici, le Médiateur de la République a dû rappeler les règles du jeu. Finalement, la procédure a été reprise depuis le début, et M. Roger a été dédommagé des préjudices subis.

35. Erreur médicale

Après sept ans d'instruction, toujours rien à signaler !

Mme Jean a été hospitalisée en 1992. Sans consulter son dossier médical ni la questionner, on lui a injecté un produit auquel elle était allergique. Ce qui lui a provoqué une nécrose des vaisseaux et une déminéralisation osseuse qui, de mois en mois, devient plus handicapante. S'estimant victime d'une erreur médicale, elle introduit en 1995 un recours contentieux. En 1997, l'hôpital, après enquête, lui adresse un courrier l'informant qu'il a « saisi sa compagnie d'assurances afin de déterminer avec elle les responsabilités et les modalités d'un règlement à l'amiable dans cette affaire ». À partir de là, Mme Jean ne reçoit plus aucune information sur les suites données à son dossier, malgré de nombreuses relances. Parallèlement, elle se voit reconnaître une incapacité qui lui permet de percevoir l'allocation aux adultes handicapés (AAH). Mais ce ne sont là que de maigres ressources. Elle renonce donc à engager une action contentieuse contre l'hôpital, n'ayant pas les moyens d'en assumer les frais.

En juin 2004, apprenant qu'un délégué du Médiateur de la République tient des permanences dans sa commune, Mme Jean se décide à lui parler de l'affaire. Après un courrier du délégué et de nombreuses relances téléphoniques, l'hôpital répond finalement à Mme Jean que son dossier est toujours en cours d'instruction et qu'elle sera bien évidemment informée des suites données... En sept ans, on se permet d'espérer que l'instruction sera peaufinée !

Le commentaire du Médiateur

Comme on l'a vu à plusieurs reprises, les collectivités publiques ont toujours du mal à reconnaître leurs responsabilités. D'autre part, il est souvent long et délicat d'établir la réalité d'une erreur médicale. Cela dit, les délais, dans cette affaire, semblent hors de tout bon sens et l'on ne peut s'empêcher de penser que l'hôpital mis en cause s'est laissé aller à jouer la montre. D'autre part, et une fois de plus, comment admettre ce manque total d'informations et de communication infligé à une personne fragilisée ?

36. État civil

« Mme, vous êtes décédée... »

Pour constituer son dossier de demande de retraite, Mme Thibaud a besoin d'un extrait de naissance. Comme elle est née à Tunis, elle demande ce document au Service central d'état civil de Nantes (qui délivre ces pièces pour les personnes nées à l'étranger). Elle s'aperçoit alors avec stupéfaction que son extrait d'acte de naissance porte la mention « décédée le 5 octobre 1996 » ! Le 15 octobre 2003, Mme Thibaud – bien vivante – saisit donc le procureur de la République de Nantes d'une demande de rectification de son acte de naissance. Mais le 10 février 2004, elle est toujours sans nouvelles de l'état d'avancement de son dossier, alors que le paiement de sa pension de retraite doit intervenir à compter du 29 février 2004.

Mme Thibaud saisit donc le Médiateur de la République, qui contacte le procureur de la République de Nantes. Pas plus étonné que cela par cette affaire, ce dernier explique que ses services, du fait de l'abondance des dossiers reçus, sont tout juste en train de traiter les demandes enregistrées au mois de janvier 2002. Par souci d'égalité, ces dossiers sont normalement examinés dans l'ordre de leur arrivée au Parquet. Toutefois, à titre exceptionnel, et compte tenu des conséquences particulièrement fâcheuses qu'entraînerait pour Mme Thibaud l'absence de rectification de son acte de naissance, le procureur de la République de Nantes acceptera de faire une exception. Et de régler ce dossier sans délai supplémentaire.

Le commentaire du Médiateur

Des dossiers de 2002 traités en 2004 ! Voilà l'un des drames de notre administration, particulièrement lorsque ce retard dans le traitement induit des conséquences juridiques lourdes. Subir une faute de l'administration en plus d'une sanction personnelle est inadmissible. Le procureur a eu en l'occurrence le bon réflexe en faisant passer l'urgence d'une situation personnelle avant l'ordre chronologique en vigueur dans le traitement des dossiers.

37. Europe – allocations familiales

Quand les « allocs » deviennent « exportables », l'Europe progresse !

En 2001, Mme Simon, qui a une petite fille de deux ans, part vivre en Allemagne. Elle sollicite auprès de sa caisse d'allocations familiales (CAF) l'attribution de l'allocation parentale d'éducation (APE). Celle-ci peut être versée aux parents qui suspendent leur activité professionnelle, jusqu'aux trois ans de leur enfant. Or, la CAF refuse, arguant que l'APE ne peut être versée en Allemagne.

Après plusieurs démarches infructueuses auprès de cet organisme, Mme Simon se tourne vers le Médiateur de la République, début 2003. Celui-ci entre alors en contact avec le ministère des Affaires sociales. Mais c'est l'Europe qui va l'aider ! Comme Mme Simon, la Commission européenne estime en effet que quelque chose ne va pas dans cette affaire. Considérant que la subordination du paiement de l'APE à une condition de résidence est incompatible avec les traités européens relatifs à la libre circulation des travailleurs, elle lance une procédure d'infraction contre l'État français. Le 8 décembre 2003, la France reconnaît finalement le caractère « exportable » de l'APE. La nouvelle règle s'applique non seulement aux dossiers en cours de contentieux, mais aussi, sur demande des intéressés, aux dossiers antérieurement refusés pour cause de non-résidence en France, dans la limite des délais de prescription – soit trois ans. Mme Simon peut ainsi bénéficier de cette mesure et percevoir rétroactivement une année d'allocations.

Le commentaire du Médiateur

Changer de statut professionnel, changer de ville peut engendrer des problèmes en matière de protection sociale (voir par exemple cas 7, 10, 14...). Alors, passer les frontières ! La libre circulation des personnes est l'un des principes fondamentaux de l'Union européenne. Depuis plusieurs décennies, les institutions européennes et les États membres travaillent à l'édiction d'un certain nombre de règles visant à coordonner les législations nationales de sécurité sociale et à assurer une continuité de la protection sociale, pour les personnes de plus en plus nombreuses qui vivent et travaillent successivement dans plusieurs pays. Mais leur mise en application n'est pas toujours simple. Ainsi, le règlement 1408/71 pris en application de l'article 42 du traité de Rome pose le principe de l'exportabilité des prestations de sécurité sociale. Les États membres ont souvent tendance à interpréter ce règlement de façon restrictive. La jurisprudence, en revanche, en a toujours étendu le champ d'application.

38. Europe – Assedic

Dysharmonie européenne

Après un séjour en Irlande où elle était salariée, Melle Georges revient en France en septembre 2003. Elle s'inscrit au chômage... et les problèmes commencent. Pour établir son dossier et calculer ses droits à indemnisation, le gestionnaire du régime d'assurance chômage des expatriés demande en effet à l'organisme irlandais compétent de lui communiquer l'imprimé E 301. Celui-ci permet de totaliser toutes les périodes d'assurance ou d'emploi effectuées dans les différents États membres de l'Union européenne, et de calculer ainsi les droits aux allocations chômage des personnes qui ont travaillé dans plusieurs pays, ou qui souhaitent faire valoir leurs droits dans un pays différent de celui de leur dernier emploi. Mais le gestionnaire n'obtient jamais de réponse de la part des services de l'emploi irlandais, et il ne peut donc traiter le dossier. Les mois passent. Melle Georges ne perçoit aucune allocation. Et ce n'est pas tout : comme on ne parvient pas à établir ses droits, elle ne peut pas solliciter d'aide à la formation pour financer le stage de préparation au métier « d'agent d'escale » qu'elle démarre au début du mois de septembre 2004 !

Il faudra l'intervention du Médiateur de la République auprès de l'Assedic – il n'a en effet aucune légitimité pour interpeller les services de l'emploi irlandais, pourtant à l'origine du problème – pour que son dossier soit régularisé. Conscient des difficultés injustifiées auxquelles se trouve confrontée Melle Georges, l'Assedic renonce à obtenir le fameux formulaire E 301 de la part de son homologue irlandais, et, à titre exceptionnel, accorde à la jeune femme des droits à indemnisation au chômage et un financement rétroactif de sa formation. Pour exister, l'Europe sociale a besoin de toutes les bonnes volontés...

Le commentaire du Médiateur

La mobilité professionnelle au sein de l'Union est une des conditions du succès de l'Europe communautaire. Les pouvoirs publics de chacun des pays membres doivent contribuer à assurer la continuité géographique de la protection sociale et de l'indemnisation du chômage pour toute personne faisant le choix de mener sa carrière sans tenir compte des frontières. Ils se doivent aussi d'informer les citoyens de leurs droits sociaux dans l'Union européenne. Cet effort de pédagogie reste encore très limité. Il est vrai que la complexité des règles ne le favorise pas.

39. Europe – subventions européennes – PAC

Les mystères de la PAC

La politique agricole commune (PAC) a instauré une multitude d'aides pour orienter et contrôler les productions : primes à la tête de bétail, à l'hectare de grandes cultures, pour le gel des terres, réduction des quotas laitiers, arrachage des vignes... Les exploitants vivent en grande partie de ces primes. Elles leur sont attribuées sur déclaration auprès des services du ministère de l'Agriculture. S'il est vrai que les formulaires à remplir sont accompagnés d'une notice explicative, ils sont souvent pour le moins complexes, à l'image des réglementations européennes qui organisent le système de subventions... Or, toute indication erronée peut les priver des aides auxquelles ils ont droit, voire les exposer à des sanctions financières. En bref, le droit à l'erreur n'existe pas.

* Mme Bonnard en a fait l'amère expérience...

Un matin, cette agricultrice découvre que deux de ses bêtes, des bovins éligibles à la prime spéciale aux bovins mâles, ont été abattues et dépecées de nuit dans un de ses champs. Après avoir porté plainte auprès de la gendarmerie nationale, elle informe la direction départementale de l'agriculture et de la forêt (DDAF) de la perte accidentelle de ses animaux. Elle demande néanmoins à bénéficier de la totalité de la prime à laquelle elle a droit, invoquant un cas « de force majeure ou de circonstances exceptionnelles » qui exonère de sanctions financières. Mais les services du ministère de l'Agriculture estiment que la mort des deux bovins relève de « circonstances naturelles » et que la prime de l'agricultrice doit être réduite en proportion.

L'intervention du Médiateur de la République parviendra heureusement à les persuader que la mort de deux animaux, tués et dépecés sur place, puis emportés en ne laissant que la tête et les entrailles – comme il ressort de l'enquête de gendarmerie – semble davantage ressortir d'un fait imprévisible et exceptionnel que d'une mort naturelle...

Le commentaire du Médiateur

L'exaspération devient facilement compréhensible lorsque l'évidence des faits se trouve honteusement niée. Au regard des éléments de cette affaire, contester que la mort des bovins relève de circonstances exceptionnelles est tout à fait impensable.

* M. Verdon a cru devenir fou, lui aussi. Suite à une erreur portant sur le nombre de bovins mâles présents sur son exploitation, l'administration lui refuse le versement du complément « extensification ». Mais d'où vient l'erreur ? Les services du ministère de l'Agriculture se fient au chiffre enregistré dans une base nationale. Il est faux, effectivement. Or, les données que M. Verdon a fournies sont exactes, et elles ont été correctement enregistrées au niveau départemental. Il est donc évident que l'erreur n'est pas de son fait, mais a été commise lors de la transmission des données de la base départementale vers la base nationale. M. Verdon

s'étonne, proteste, s'insurge. En vain. Le ministère de l'Agriculture ne veut rien savoir, arguant du fait que l'exploitant reste responsable des données transmises à l'autorité compétente...

Là encore, il faudra l'intervention du Médiateur de la République pour que l'administration reconnaisse son erreur. Une relecture attentive des textes communautaires lui permet de faire valoir qu'aucune réduction ou exclusion d'une aide ne peut être appliquée « lorsque l'exploitant a soumis des informations exactes au niveau des faits ou lorsqu'il peut démontrer qu'il n'est pas en faute ».

Commentaire du Médiateur

En matière de subventions européennes, les contrôles du ministère de l'Agriculture sont très stricts. Les États membres de l'Union européenne ont en effet la volonté de limiter les fraudes et les irrégularités et de maîtriser les budgets. En cas de laxisme d'ailleurs, la responsabilité financière de l'État vis-à-vis de l'Union européenne se trouverait engagée. Cette rigueur est tout à fait louable. Mais elle ne doit pas conduire à nier ses propres erreurs.

40. Europe – voiture volée

À quoi sert Schengen ?

Août 2002 : M. Antoine se fait une fête d'aller passer ses vacances au Maroc. Mais la fête est vite gâchée. Il est en effet arrêté au port d'Algésiras par les douaniers espagnols qui lui apprennent que sa voiture est inscrite au fichier européen des voitures volées (le système d'information Schengen ou SIS). M. Antoine tombe des nues. Il a acheté sa voiture en France en novembre 2001, en répondant à une annonce parue dans un magazine, et il a obtenu son immatriculation à la préfecture de son département. Mais sa bonne foi ne suffit pas : M. Antoine doit subir un emprisonnement de trois jours en Espagne ! Son véhicule est saisi et restitué à la compagnie d'assurances de son propriétaire initial, en Belgique, où il avait été volé.

Saisi du dossier, le Médiateur de la République demande au ministère de l'Intérieur d'indemniser M. Antoine du préjudice subi. Car visiblement, il y a eu un dysfonctionnement des services administratifs français : lors de l'établissement de la carte grise, ils n'ont pas été en mesure de constater que la voiture en question figurait au fichier des véhicules volés. Mais en juillet 2004, le ministère de l'Intérieur refuse cette indemnisation... en expliquant que les services qui délivrent les cartes grises n'ont pas accès au système d'information Schengen (SIS), qui seul permet l'identification des véhicules volés dans l'espace Schengen ! Curieuse règle, en vérité... Mais fort heureusement les choses bougent. Une position commune adoptée par les États membres, le 22 décembre 2004, doit permettre désormais aux services chargés de délivrer les certificats d'immatriculation d'accéder au SIS, dans ces différents pays.

Le commentaire du Médiateur

Le futur règlement européen doit mieux protéger les citoyens contre les trafics de voitures volées et éviter que ne se reproduisent des mésaventures semblables à celle vécue par M. Antoine. Le projet de réforme du système d'immatriculation français, présenté le 15 juin 2005 en Conseil des ministres, va dans le même sens. Il prévoit que le nouveau fichier des immatriculations comportera des données supplémentaires, notamment celles relatives aux voitures volées dans les États membres de l'Union européenne soumis aux accords de Schengen. Cette réforme doit entrer en application en 2008.

41. Expropriation à tort

La Cour européenne des droits de l'homme condamne la France. Mais qui va payer ?

En 1982, le préfet de la Réunion déclare d'utilité publique l'acquisition d'un terrain de cinq hectares pour « constituer des réserves foncières destinées à l'habitat très social ». L'ordonnance d'expropriation est prise en 1983 et la propriétaire du terrain perçoit une indemnité de près de 2 millions de francs. En 1984, le département revend le terrain à la commune de Saint-Denis, qui en 1988 en cède une partie à la Société immobilière de la Réunion (SIDR). En 1989, le terrain est en friches... et pas la moindre HLM à l'horizon. L'ancienne propriétaire du terrain tente d'obtenir réparation en justice, arguant du fait que plus de cinq ans après l'expropriation, le terrain n'a toujours pas reçu l'affectation prévue par l'enquête d'utilité publique. En 1992, le tribunal de grande instance lui donne raison et décide du principe de dommages-intérêts à fixer par un expert. Mais le département de la Réunion fait appel. Entre-temps, la propriétaire du terrain décède et ce sont ses sept héritiers qui poursuivent le combat, qui s'avère fort décevant. En 1996, la cour d'appel infirme le jugement de première instance, estimant qu'aucune disposition législative ou réglementaire n'impose à l'expropriant d'affecter les « réserves foncières » constituées par expropriation à l'objet prévu par l'enquête d'utilité publique dans un délai de cinq ans. Ce délai de cinq ans ne s'applique que pour les autres cas d'expropriation. Les « réserves foncières », quant à elles, visent à répondre à des besoins à moyen et long terme. La Cour de cassation suit cette interprétation. Pour elle, rien ne permet d'affirmer que les fameux logements sociaux ne seront pas construits... un jour !

En 1998, soit seize ans après le début de cette histoire, les héritiers de l'ex-propriétaire du terrain, déboutés par les tribunaux français, saisissent la Cour européenne des droits de l'homme

(CEDH), au motif qu'il n'y a toujours aucun logement social construit sur le terrain en question. La CEDH rend son arrêt en 2002. Sans rejeter en bloc les appréciations des juridictions françaises, elle remarque qu'une « cause d'utilité publique » doit s'apprécier *in concreto*. En l'occurrence, la constitution d'une réserve foncière après expropriation, et à terme, la construction effective de logements sociaux. Or, concrètement, vingt ans plus tard... toujours rien. La CEDH estime que si la propriétaire a été correctement indemnisée lors de l'expropriation, en dix-neuf ans, le terrain a pris de la valeur. Les requérants sont donc fondés à soutenir qu'ils ont été illégitimement privés de cette plus-value.

Au total, en mai 2003, la CEDH alloue aux ex-propriétaires 3 286 765 euros de dommages matériels. Mais, problème : qui va payer ? Le ministère de l'Équipement, puisqu'il s'agit d'un projet immobilier ? Celui de la Justice, suite à l'absence d'indemnisation par les juridictions nationales ? Ou encore celui de l'Intérieur, du fait qu'il s'agit d'une expropriation au profit d'une collectivité locale ? Tous se renvoient la balle...

En avril 2005, le Médiateur de la République, saisi du dossier, adresse une lettre d'injonction à Matignon afin d'obtenir l'arbitrage du Premier ministre. C'est finalement le ministère de l'Équipement qui sera chargé de régler la somme fixée par la CEDH – majorée des intérêts, qui s'élèvent à plus de 200 000 €...

Le commentaire du Médiateur

C'est vraiment le pot de terre contre le pot de fer ! Comment expliquer tant de mauvaise volonté de la part des ministères concernés ? Lorsqu'on connaît l'état des finances publiques, il est de plus choquant d'apprendre qu'une telle somme – 200 000 € ! – soit due en intérêts de retard du fait des dysfonctionnements de plusieurs départements ministériels.

42. Expulsion

Une dernière chance !

La vie n'a pas toujours gâté Mme Levert. Incapable de faire face, elle a accumulé les loyers impayés. Depuis 1993, elle fait l'objet d'une décision d'expulsion, mais elle parvient toujours à faire repousser le moment de quitter les lieux. Las de ces atermoiements, son bailleur finit par demander à la sous-préfecture de mettre l'expulsion à exécution. Ce qu'il obtient. L'expulsion devait avoir lieu le 17 mai 2005.

Quelques jours avant, Mme Levert a saisi le Médiateur de la République. Immédiatement mobilisée, la cellule d'urgence a faxé un courrier à la sous-préfecture pour obtenir un dernier délai, le temps de permettre à Mme Levert de trouver un relogement. Ce qui a été accordé, la décision d'expulsion ayant été repoussée au 1er juillet 2005. Incontestablement, Mme Levert a des torts. Et sans doute une fâcheuse tendance à pratiquer la politique de l'autruche. Espérons que cette « dernière chance », négociée par les services du Médiateur de la République, lui permettra de repartir d'un bon pied.

Le commentaire du Médiateur

Ce cas est typique des situations de détresse traitées par la cellule d'urgence du Médiateur de la République, créée en septembre 2004. Ici, il n'y a pas eu de faute ni de dysfonctionnement d'une quelconque administration. Les torts sont plutôt du côté de l'administrée. Mais l'exécution de l'expulsion à la date prévue pouvait jeter à la rue de manière irrémédiable une personne confrontée à de graves difficultés sociales. L'intervention du Médiateur de la République ne se fonde pas sur des principes de droit mais d'humanité.

43. Facturation excessive

Que d'eau, que d'eau...

Mme Henri est propriétaire bailleur de trois appartements comportant des sanitaires communs. En février 2004, elle reçoit une facture de la SAUR, l'entreprise délégataire du service public de distribution d'eau potable, d'un montant de 3 259 €... ce qui correspond à une consommation, pour six mois, de 1 160 m^3 ! Mme Henri a de quoi s'étonner : jusque-là, la consommation semestrielle s'établissait en moyenne à moins de 100 m^3. Elle effectue diverses démarches, tant auprès du syndic – les locaux font en effet partie d'une copropriété – que de la SAUR. Son but : obtenir l'exonération de cette charge manifestement excessive, et sans commune mesure avec la consommation qu'elle estime avoir été celle de ses locataires durant la période en question. Mais le syndic ne se considère pas concerné. Quant à la SAUR, elle propose seulement de procéder à un étalonnage du compteur, bien que Mme Henri, après vérifications, ait pu constater le fonctionnement apparemment normal de cet équipement.

La propriétaire lésée s'adresse alors au délégué du Médiateur de la République. Celui-ci effectue une démarche auprès de la compagnie des eaux afin d'obtenir un dégrèvement pour fuite indétectable. Cette intervention « officielle » semble favoriser le retour à un peu de bon sens. Quelques semaines plus tard, l'entreprise notifie à Mme Henri sa décision d'accueillir favorablement sa requête, à titre exceptionnel, et d'annuler en conséquence la facture litigieuse.

Le commentaire du Médiateur

Face à des faits incontestablement anormaux, le bon sens devrait toujours l'emporter. Ce n'est pas le cas, hélas ! Cela dit, attention aux fuites. Les règlements des services des eaux sont en général draconiens. La partie du branchement située en propriété privée appartient au propriétaire de l'immeuble. Et c'est à l'abonné d'assurer la surveillance de ses canalisations, du robinet d'arrêt et du compteur. Toute négligence de sa part est fautive. Et si sa facture explose, il ne peut agir qu'à l'amiable pour obtenir un dégrèvement ou un étalement de paiement.

44. Facturation excessive *(bis)*

Neuf mois pour une simple vérification de l'index du compteur !

Après le décès de sa mère, Mme Moulin reçoit de la Compagnie générale des eaux une facture d'arrêt de compte, en date du 7 juin 2004, d'un montant de 634,92 €. Cette somme correspond à une consommation de 218 m^3 d'eau, ce qui éveille les soupçons de Mme Moulin : la précédente facture de sa mère affichait une consommation de... 9 m^3 ! Elle pense immédiatement à une erreur de relevé et vérifie le compteur de sa mère. Constatant que les trois derniers chiffres affichés sont « 207 », elle se dit que lors du relevé, le zéro a pu se transformer par erreur en 6 et entraîner une surfacturation de 60 m^3 d'eau. Mais ses démarches auprès de la Compagnie générale des eaux demeurent sans effet...

Mme Moulin se décide alors à consulter le délégué du Médiateur de la République. En août 2004, celui-ci demande par courrier à la Compagnie générale des eaux de bien vouloir procéder à un autre relevé. Pas de réponse. Nouveau courrier en octobre. Multiples relances téléphoniques. Toujours rien... jusqu'en janvier 2005, où Mme Moulin reçoit un courrier menaçant de la part d'une société de recouvrement de dettes ! Après une nouvelle intervention du délégué du Médiateur de la République, la Compagnie générale des eaux a enfin accepté de reconnaître son erreur en mars 2005. Elle a établi à l'ordre de Mme Moulin un avoir d'un montant de 167,49 €, correspondant aux 60 m^3 indûment facturés. Et elle lui a adressé, conformément à sa charte clients, un dédommagement d'un montant de 23 € pour se faire pardonner...

Le commentaire du Médiateur

Comme dans le cas précédent, le simple bon sens aurait voulu que la Compagnie générale des eaux procède immédiatement à une vérification. Or, elle ne le fait pas ; en outre, alors que l'erreur est de son fait, elle n'oppose à Mme Moulin qu'absence de réponse... puis menace. On ne peut pas à la fois rendre les abonnés responsables de leur compteur et ne pas prendre en considération leurs demande de vérification.

45. Fonction publique – imposition

Un fonctionnaire réintégré dans ses fonctions après dix ans de procédure.

M. Fabre était fonctionnaire. Il a été « radié des cadres » – ce qui, dans le jargon de la fonction publique, équivaut à « licencié » – en mai 1993. Après pas loin de dix ans de procédure, il obtient sa réintégration de la cour administrative d'appel en 2002, avec effet au 30 mai 1993. Cette décision entraîne un rappel de rémunération sur dix ans : en 2002, son administration lui verse donc, à ce titre, 174 984 €. Mais le fisc veille : il lui réclame, au titre de rappel sur l'impôt sur le revenu, la modique somme de 54 597 € ! Non seulement, M. Fabre a été, à tort, privé de traitement pendant neuf ans, mais à peine vient-il de récupérer son dû que l'administration reprend d'une main près du tiers de ce qu'elle vient de lâcher de l'autre !

Suite à l'intervention du Médiateur de la République, l'administration fiscale accepte toutefois de renoncer au mode de calcul légal qui entraînait une trop forte progressivité de l'impôt pour un calcul plus équitable, réduisant l'imposition de 9 240 €.

Le commentaire du Médiateur

De nombreux cas sont soumis au Médiateur de la République portant sur conséquences des rappels – ou demandes de restitution de trop-perçus – de traitements, de pensions ou d'indemnités qui interviennent plusieurs années après les faits. Les personnes qui les subissent se retrouvent démunies face à une situation fiscale complexe. Leur administration ne les informe pas sur les règles de déduction possible. Et il n'y a aucune coordination entre celle-ci et le fisc pour atténuer les difficultés financières que ces rectificatifs tardifs peuvent engendrer. Et ce, alors même que l'employeur public est à l'origine fautif !

Ici, pour ce fonctionnaire réintégré dix ans après sa radiation, il fallait trouver une solution afin d'atténuer les conséquences financières du principe de l'annualité de l'impôt sur le revenu. L'impôt établi pour une année donnée prend en compte les événements qui ont eu lieu cette année-là : si M. Fabre reçoit plus de 174 000 € en 2002, cette somme est considérée comme son revenu de 2002, même si elle correspond en fait à dix ans de rappels de traitement. Les aménagements légaux prévus ne pouvaient s'appliquer au cas de M. Fabre. Nous étions dans une situation d'inéquité que seul le Médiateur de la République pouvait régler, en demandant à l'administration de déroger à l'application des textes.

46. Garde à vue – erreur d'identité

Arrêté et placé en garde à vue à la place du voisin.

En avril 2005, M. Serge est réveillé de manière assez... brutale. Des agents de police entrent avec effraction dans son appartement de la région parisienne. Comme il oppose de la résistance, il est placé en garde à vue pendant vingt-quatre heures pour « outrage et rébellion ». Pendant cette garde à vue, M. Serge, qui a refusé le test d'alcoolémie, doit être emmené à l'hôpital pour des problèmes de santé. Mme Serge, l'épouse du « prévenu », dénoncera par la suite les insultes adressées à son mari par les agents de police. Bref, les époux Serge se souviendront longtemps de cette maudite journée d'avril ! Et tout ça pour quoi ? Parce que les agents ont commis une erreur d'adresse. Ils devaient arrêter non pas M. Serge mais... son voisin.

Pour M. et Mme Serge, il n'est évidemment pas question de se contenter de cette excuse pour le moins légère. Ils ont saisi le Médiateur de la République. Celui-ci a transmis le dossier à la Commission nationale de déontologie de la sécurité (CNDS), créée par la loi du 6 juin 2000 et chargée de « veiller au respect de la déontologie par les personnes exerçant des activités de sécurité sur le territoire de la République ». Affaire à suivre...

Le commentaire du Médiateur

De telles bavures sont rares, heureusement. Les services du Médiateur de la République sont cependant régulièrement saisis de cas comparables à celui-ci dont le règlement n'a pas encore abouti. Ainsi, en 2003, suite à l'irruption brutale de la police judiciaire dans le logement d'une famille dont le seul tort était d'habiter la même résidence qu'un trafiquant de drogue, le Médiateur de la République avait pu obtenir que le ministère de la Justice, avant même toute procédure, indemnise les préjudices matériels subis par ces personnes.

47. Handicap – COTOREP

Quelle considération pour les plus vulnérables ?

Handicapé de naissance, M. Nolet est titulaire d'une carte d'invalidité. Cette carte est délivrée par la COTOREP, au niveau de chaque département, à toute personne atteinte d'une incapacité permanente d'au moins 80 %. Ce taux est apprécié par la COTOREP à partir d'un barème des handicaps. Aussi curieux que cela puisse paraître, même lorsque l'on est handicapé de naissance, cette carte n'est que temporaire. Il faut en demander périodiquement le renouvellement. Et chaque fois, c'est la loterie : une incapacité estimée à 80 % une année peut très bien ne l'être qu'à 60 % trois ans plus tard !

M. Nolet en sait quelque chose.

En mai 1996, la COTOREP refuse de lui renouveler sa carte d'invalidité, alors qu'il en avait jusqu'alors toujours bénéficié. Désemparé, il ne proteste pas contre cette décision, alors qu'il pouvait, dans les deux mois, faire un recours gracieux auprès de la COTOREP ou auprès du tribunal des incapacités. En perdant sa carte d'invalidité, M. Nolet perd aussi les avantages qui lui sont liés, dans les transports en commun, en matière de stationnement, ou sur le plan fiscal. D'où une avalanche de problèmes quotidiens. Il fait face, sans chercher à esquiver. Lorsqu'il remplit sa déclaration annuelle de revenus – une pension d'invalidité et le petit salaire d'une activité à temps partiel –, M. Nolet ne manque pas de signaler ce changement de situation. Pourtant, ses impositions continuent d'être établies en tenant compte de la demi-part supplémentaire attachée à la détention de la carte d'invalidité. Bonne nouvelle ? Pas pour longtemps !

À la suite d'un contrôle, l'erreur est décelée. Immédiatement, M. Nolet se voit réclamer des impositions complémentaires, au titre des années 1998 à 2001. Ne disposant que de revenus modestes, il ne peut s'en acquitter qu'avec l'aide de sa famille. Il décide alors de demander des explications à la COTOREP pour tenter de comprendre ce qui a bien pu motiver le refus de renouveler sa carte d'invalidité. En 2003, au terme de plusieurs relances successives, la COTOREP finit par lui délivrer une nouvelle carte.

Parallèlement, M. Nolet sollicite l'aide du Médiateur de la République pour que soit réexaminée sa situation fiscale. Le

Médiateur de la République réussit à convaincre l'administration des impôts que c'est par méconnaissance des règles juridiques que M. Nolet a tant tardé à contester le retrait de sa carte d'invalidité. À titre gracieux, l'intéressé bénéficie d'un dégrèvement partiel de ses impositions complémentaires.

Le commentaire du Médiateur

Ce cas est typique des difficultés qu'éprouvent bon nombre de citoyens, notamment les plus fragiles, à réagir pour éclaircir des décisions administratives les concernant. Voire à les contester quand elles paraissent injustes. Ignorant les procédures à suivre, ils laissent passer le temps et se privent parfois de toute possibilité de recours. De plus, comme le montre l'histoire de M. Nolet, un changement d'appréciation d'une administration peut avoir des conséquences en cascade sur le plan fiscal, social... Même lorsque la décision est justifiée, ces ruptures brutales sont intolérables et devraient toujours faire l'objet d'un « lissage ».

48. Handicap – macaron GIG-GIC

Lorsque les personnes handicapées font les frais d'une mauvaise information...

En mai 2003, M. Leroy écope d'un PV alors que sa voiture, arborant pourtant le macaron GIG-GIC, stationne sur un emplacement réservé aux véhicules de grands invalides. Motif invoqué : le macaron GIG-GIC apposé sur son pare-brise n'est pas conforme. Le jour même, M. Leroy demande le classement sans suite de la contravention. Il rappelle qu'il est bien titulaire d'un macaron GIG-GIC, ainsi que de la carte de stationnement européenne pour personnes handicapées. Il est vrai que celle-ci n'était pas visible dans son véhicule ce jour-là. Mais sa demande est rejetée. Et il reçoit quelque temps après un avis d'amende forfaitaire majorée qu'il règle immédiatement, craignant une saisie sur son compte bancaire.

M. Leroy ne baisse pas pour autant les bras : il saisit le Médiateur de la République. Il fait bien, car du coup, l'officier du ministère public accepte de revoir sa position et l'amende lui est remboursée.

Le commentaire du Médiateur

La mésaventure dont a été victime M. Leroy n'est, hélas, pas un cas isolé. D'autres grands invalides de guerre ont eu la mauvaise surprise d'être verbalisés alors qu'ils avaient apposé sur leur véhicule le macaron GIG-GIC. Ces erreurs viennent du fait que deux dispositifs se trouvent en concurrence pour les places de stationnement réglementé : le macaron GIG-GIC, toujours valable, et la carte européenne de stationnement pour les personnes handicapées, délivrée depuis deux ans. Le macaron GIG-GIC a certes vocation à disparaître, mais les textes abrogeant ce dispositif ne sont pas encore parus. Or, les polices municipales sont mal informées à ce propos. Les parquets ne semblent pas l'être davantage sur la position à adopter lorsque les personnes verbalisées à tort formulent une requête pour être exonérées de l'amende.

49. Handicap – obtention d'une aide de vie scolaire

Le manque de moyens peut-il justifier de différer une aide à un jeune élève handicapé ?

Le jeune Marc, âgé de onze ans, est malvoyant. Bon élève, il poursuit sa scolarité en classe de sixième. Très volontaire, Marc réussit à mémoriser tous les cours dispensés dans sa classe. Malgré sa détermination, sa mère craint que ces efforts ne le fatiguent rapidement et qu'il ne finisse par se décourager. Dès juin 2004, elle demande donc qu'une auxiliaire de vie scolaire puisse aider son fils. Un protocole est signé dans ce sens avec les membres de l'équipe éducative du collège. La commission départementale de l'éducation spéciale (CDES) répond positivement à cette requête : elle décide, en octobre 2004, d'octroyer à Marc un accompagnement d'une durée de quinze heures hebdomadaires. Tout semble donc aller pour le mieux... à ceci près que cette décision n'est pas suivie d'effet ! L'inspecteur d'académie fait en effet valoir que la dotation mise à sa disposition pour ce type de mesures a déjà été totalement engagée et qu'aucune nouvelle demande ne peut être satisfaite.

Suite à l'intervention de la déléguée du Médiateur de la République, le recteur de l'académie de Rouen acceptera pourtant, en février 2005, de dégager les moyens nécessaires au recrutement d'une auxiliaire de vie scolaire pour accompagner le jeune élève malvoyant. Un vrai parcours du combattant a été nécessaire pour obtenir ce qui aurait dû être automatique. À quoi servent les droits et dispositifs en faveur des enfants handicapés, s'il manque les budgets pour les mettre en application ?

Le commentaire du Médiateur

Le droit à la scolarisation des enfants et adolescents handicapés, reconnu et proclamé, a encore du mal à se concrétiser. Les quelque 6 000 postes d'auxiliaires de vie scolaire sont encore insuffisants. Ce cas illustre bien à quel point, très souvent, une médiation se heurte aux contraintes financières des collectivités publiques.

50. Homonymie

Avoir un homonyme peut être financièrement préjudiciable.

En mars 2004, M. Dujardin fait l'objet d'un redressement fiscal fixant son revenu imposable pour l'année 2002 à 16 562 €, au lieu des 9 609 € qu'il avait déclarés. Le fisc lui reproche de ne pas avoir déclaré les allocations chômage que lui a versées l'Assedic.

Or, M. Dujardin n'est pas chômeur et n'a jamais perçu aucune allocation de cet organisme ! Il en informe sans tarder le centre des impôts, oralement puis par courrier recommandé, en joignant un document de l'Assedic concerné qui, sans trop se faire prier, atteste ses dires – sans toutefois daigner lui donner d'explications précises sur les raisons de cette transmission au fisc d'informations manifestement inexactes. L'Assedic s'abrite derrière le « caractère confidentiel » des dossiers des allocataires ! De quoi devenir parano. Le temps passe ; aucune réponse du centre des impôts...

Craignant que les éléments qu'il a obtenus ne soient insuffisants pour prouver sa bonne foi et faire cesser les poursuites, M. Dujardin décide de saisir la déléguée du Médiateur de la République. Celle-ci intervient auprès de l'Assedic, à qui elle demande d'enquêter sur l'origine des difficultés auxquelles M. Dujardin se trouve confronté. Parallèlement, elle obtient du centre des impôts qu'il suspende la procédure engagée jusqu'à éclaircissement de l'affaire. En fait, un agent d'accueil de l'Assedic avait malencontreusement validé les nom et prénom de M. Dujardin, à l'occasion du traitement d'un dossier déposé par un homonyme ! Grâce à cette intervention, l'Assedic a communiqué l'ensemble de ces éléments à l'intéressé ainsi qu'à l'administration fiscale. La bonne foi de M. Dujardin ne souffrait plus de contestation.

Le commentaire du Médiateur

L'erreur est humaine, mais est-il tolérable de ne pas donner d'explication à celui qui en subit les conséquences ? Le « caractère confidentiel » des dossiers semble être une excuse un peu facile, en l'occurrence. À cela s'ajoute le fait que l'administration fiscale a parfois tendance à accorder plus de crédit aux informations communiquées par une autre administration qu'aux éléments de preuve contraire fournis par un contribuable. D'où la nécessité d'un accès sans réserve pour chaque citoyen aux sources d'informations le concernant.

51. Hospitalisation – incident

Quand l'hospitalisation entraîne des frais imprévus.

Melle Faure est hospitalisée en urgence le 14 septembre 2002, suite à une appendicite. L'intervention nécessite une appendicectomie sous cœlioscopie. L'opération se passe bien. Mais, au réveil, les médecins constatent que Melle Faure souffre d'un « trismus avec rupture d'une incisive supérieure droite ». Pour les non-initiés, un trismus désigne « une contraction tonique des muscles masticateurs » ! À sa sortie d'hôpital, Melle Faure n'a plus d'appendice... mais elle a aussi une incisive en moins ! Elle doit donc engager des frais dentaires élevés pour réparer les dégâts. Comme le veut la logique, elle demande que ces frais soient pris en charge par le centre hospitalier ; mais elle se heurte à un mur de la part de la direction de cet établissement.

Elle sollicite alors le Médiateur de la République, qui tente à son tour d'assouplir la position de l'hôpital mis en cause. Mais la directrice de celui-ci persiste dans son refus, faisant valoir qu'il n'y a pas eu de geste fautif de la part du praticien hospitalier. Seule la « contraction soudaine et imprévisible de la mâchoire de Melle Faure est la cause du bris dentaire ». La jeune femme devra donc payer seule la facture de son dentiste. Prenez garde, la prochaine fois que vous serrez les dents...

Le commentaire du Médiateur

Sur le plan juridique, l'hôpital a certainement raison. Selon la jurisprudence du Conseil d'État, le principe selon lequel une collectivité publique ne peut accorder une indemnisation qu'elle ne doit pas est un principe d'ordre public. Cela dit, les hôpitaux gagneraient à être plus ouverts et à favoriser le dialogue avec leurs patients. Cet établissement n'avait sans doute pas informé Melle Faure des risques d'effets secondaires liés à des actes chirurgicaux pratiqués en urgence. Ni du fait que ce caractère d'urgence limite les possibilités de mise en cause de la responsabilité du praticien.

52. Imposition – activité à l'étranger

Salarié ou travailleur indépendant ?

M. Soulier a signé un contrat de consultant avec une société d'intérim spécialisée dans le domaine des travaux de forage pétrolier. Le voici donc en mission à l'étranger pour une compagnie pétrolière. Se considérant comme salarié détaché à l'étranger, il ne déclare pas au fisc les sommes perçues au cours de cette mission (conformément à l'article 81 A du code général des impôts). Malheureusement pour lui, l'administration fiscale a un tout autre point de vue sur la question. Selon elle, M. Soulier aurait dû déclarer ces sommes dans la catégorie des « bénéfices non commerciaux », car pendant cette mission, il était en fait travailleur indépendant, et non pas salarié détaché à l'étranger. Ces sommes, en outre, auraient dû être soumises à la taxe sur la valeur ajoutée (TVA).

Contestant cette analyse – et le redressement fiscal qui lui est infligé –, M. Soulier porte réclamation et saisit le juge administratif. Parallèlement, il sollicite l'aide du Médiateur de la République, faisant valoir que deux de ses collègues ont été l'objet de redressements identiques, mais que ceux-ci, au bout du compte, n'ont pas été maintenus. Le Médiateur de la République intervient auprès du directeur général des impôts en signalant cette différence de traitement. M. Soulier produit des documents destinés à prouver la relation de subordination dans laquelle il a accompli sa mission, et par là même son statut de salarié. Le directeur général des impôts maintient pourtant la position de l'administration, entre-temps confirmée par le tribunal administratif. Il précise que si les redressements notifiés aux deux collègues de M. Soulier n'ont pas été maintenus, c'est parce qu'ils ont pu fournir la preuve de leur état de salariés. Toutefois, tenant compte des contrats produits par M. Soulier, en tous points comparables à ceux de ses collègues, ainsi que des décisions de ses services en faveur de ces derniers, il décide, en équité, de ne pas maintenir les redressements litigieux.

Lorsqu'un contribuable a dans son travail un statut quelque peu atypique, on a l'impression que son sort se joue aux dés !

Le commentaire du Médiateur

En droit fiscal, la preuve formelle est parfois difficile à apporter et le recours à l'équité est alors bien utile. Mais lorsqu'on est en présence d'un faisceau d'éléments suffisamment précis, ce rigorisme ne pourrait-il pas être atténué ? Ce serait un excellent moyen de prévenir réclamations et longues procédures.

D'autre part, les décisions administratives fondées sur l'appréciation d'une situation, de faits, font souvent naître un sentiment d'injustice chez ceux qui en font les frais, surtout lorsqu'ils peuvent faire des comparaisons avec des cas qui leur semblent identiques aux leurs. Parfois, pourtant, un détail leur échappe, les situations ne sont pas totalement identiques. Et la position de l'administration n'est en vérité ni arbitraire ni fantaisiste. Mais le manque d'explication et de communication nourrit les ressentiments.

53. Imposition – circonstances exceptionnelles

Quand l'administration fiscale ignore délibérément les situations individuelles exceptionnelles...

M. Gilles acquiert en 1997 les parts d'une SARL spécialisée dans la vente de livres. Il réalise ainsi son vieux rêve d'enfant : devenir libraire. Mais quelques années plus tard, en décidant d'instaurer la gratuité des livres scolaires, le conseil régional de la région PACA cause à M. Gilles un préjudice économique important. Très vite, en effet, la chute vertigineuse des ventes le contraint à céder le droit au bail de son commerce. Le produit de cette cession lui permet alors de rembourser les dettes liées à l'acquisition des parts de la SARL en 1997.

En 2002, M. Gilles déclare le montant de ses revenus, qui intègre la plus-value professionnelle réalisée lors de la cession du droit au bail de la SARL. Il doit alors verser 10 026 € au titre de l'impôt sur le revenu, et 7 852 € au titre des cotisations sociales. M. Gilles ne conteste pas le montant de ces sommes. Il demande simplement que, au regard des très grandes difficultés financières et sociales auxquelles il se trouve confronté, une remise gracieuse d'une partie de ce dû lui soit consentie. En effet, son épouse est gravement malade. Elle décédera d'ailleurs en août 2003, le laissant seul avec trois enfants. Et ce père de famille ne dispose que de 1 000 € par mois pour assurer la subsistance de toute la famille.

Le responsable du centre des impôts, saisi par le Médiateur de la République, a pourtant refusé de réexaminer ce dossier après avoir procédé à une remise gracieuse de 5 800 € pour l'impôt sur le revenu, et de 3 926 € pour les contributions sociales, sur l'année 2002.

Esprit d'initiative, solidarité, éducation des jeunes constituent-ils réellement des priorités pour notre pays ?

Le commentaire du Médiateur

Une décision administrative générale, aussi louable soit-elle, peut avoir des conséquences individuelles dommageables. Or, l'administration fiscale ne sait pas en tenir compte. Dans de telles circonstances, le pouvoir de persuasion du Médiateur de la République apparaît souvent insuffisant. Ce qui domine, dans cette affaire, est le sentiment d'impuissance à obtenir la légitime réparation du préjudice subi. D'autant que le recours pour excès de pouvoir, le seul qui reste à la disposition de ce citoyen, est ici inadapté...

54. Imposition – crédit d'impôt

Incohérence des textes législatifs (un peu d'humour...)

Après avoir investi dans l'achat d'un climatiseur qui, selon la température extérieure, souffle de l'air chaud ou de l'air froid, M. Lemoine sollicite, comme les textes l'y autorisent, un crédit d'impôt. Mais cet avantage fiscal lui est refusé. Motif : il est réservé aux seules pompes à chaleur, et non à l'air conditionné. M. Lemoine a beau prétendre que l'appareil répond aussi à cette exigence, rien n'y fait... La réversibilité de l'appareil, qui souffle le chaud et le froid, contrarie les services fiscaux.

Saisi par M. Lemoine, le Médiateur de la République adresse un courrier le 16 septembre 2004 au directeur général des impôts ; celui-ci confirme que les dépenses d'acquisition d'un climatiseur réversible ne donnent pas lieu à un crédit d'impôt. En effet, l'article 200 *quater* du code général des impôts s'applique « aux seuls équipements dont la liste est fixée par l'arrêté du 17 février 2000 », complété par la loi de finances de 2001. Si celle-ci mentionne les dépenses d'acquisition d'équipements de production d'énergie, les caractéristiques de l'équipement sont définis de manière limitative par un arrêté du 11 juin 2001 (article 18 *bis* de l'annexe IV du CGI).

Après avoir estimé que les climatiseurs réversibles n'étaient pas assimilables aux pompes à chaleur, l'administration fiscale les a exclus du bénéfice du crédit d'impôt.

Face à l'incohérence de cette position, la direction générale de l'énergie et des matières premières a toutefois accepté de définir des critères permettant d'obtenir des crédits d'impôt pour certaines catégories de climatiseurs réversibles.

Pour disposer du fameux sésame, le contribuable qui a eu l'idée saugrenue d'acheter ce type d'appareil doit adresser au directeur général des impôts une facture précisant le mode de fonctionnement de l'équipement. L'une des nouvelles missions assignées aux agents des services fiscaux consiste donc, depuis quelques mois, à éplucher les notices explicatives des climatiseurs réversibles...

En ce qui concerne M. Lemoine, l'administration fiscale n'a pas été convaincue par les caractéristiques de l'appareil. La médiation a échoué. M. Lemoine a toutefois déposé un recours contentieux. L'affaire des climatiseurs continue...

Le commentaire du Médiateur

Distinguer, d'un point de vue fiscal, pompe à chaleur et climatiseur réversible est parfaitement absurde, comme l'illustre cette situation regrettable. D'autre part, entre-t-il réellement dans les compétences de l'administration fiscale d'examiner les modes d'emploi des climatiseurs réversibles ?

Dans ce type de litiges, l'administration doit revenir à l'esprit de la loi. Sans quoi, la combinaison de textes pris dans des domaines différents aboutit à rendre leur application illisible.

55. Imposition – personne à charge

Ubu au pays des impôts...

En 1997, M. Daniel accueille à son domicile ses parents Jean et Berthe, tous deux titulaires d'une carte d'invalidité. En avril 1999, Jean, dont la santé se détériore au fil des années, entre en maison de retraite, tandis que Berthe continue de vivre chez leur fils.

En toute logique, M. Daniel continue d'établir ses déclarations annuelles de revenus en mentionnant sa mère comme personne à charge, ce qui lui permet de bénéficier d'une demi-part pour le calcul du quotient familial préalable à l'établissement de l'impôt sur le revenu.

En 2000, les services des impôts adressent à M. Daniel un redressement fiscal pour les revenus déclarés au titre de l'année

1999. Le litige porte sur le calcul du quotient familial. En effet, selon la loi sacralisant les « liens indéfectibles du mariage », M. Daniel ne peut pas déclarer comme personne à charge un seul de ses parents, dès l'instant où l'autre est encore en vie et hébergé sous un autre toit... Absurde au regard de la situation de M. Daniel, cette disposition va de surcroît à l'encontre des grands discours actuels sur la solidarité à témoigner à nos aînés. M. Daniel, qui n'en revient pas, dépose un recours contentieux devant le tribunal administratif. Sa requête est rejetée par un jugement du 14 décembre 2004. Pour les juges, la loi est limpide : le décompte des parents de M. Daniel, mariés et invalides, comme personnes à charge n'est acceptable qu'à la condition que tous deux habitent sous son toit. Jean, qui vit en maison de retraite, doit donc effectuer lui-même ses déclarations annuelles de revenus... en y incluant son épouse ! Peu importe que celle-ci vive chez son fils...

Suite à l'intervention du Médiateur de la République, M. Daniel n'a pu obtenir des services fiscaux que la remise gracieuse de l'imposition supplémentaire d'un montant de 878,87 €. En récompense de son dévouement de fils modèle ?

Le commentaire du Médiateur

La dépendance des personnes âgées est aujourd'hui un problème de société. Malheureusement, les règles fiscales relatives à la détermination du quotient familial ne prennent pas en compte les conséquences de ces mutations sociétales. Nous ne pouvons pas admettre que les enfants qui soignent leurs parents vieillissants se trouvent confrontés à ce type de mésaventure. Le problème évoqué a été réglé grâce à une mesure gracieuse, mais il conduit à s'interroger sur l'intérêt d'une réforme des textes en la matière. Sinon, qu'adviendra-t-il lorsque des cas similaires se présenteront, de plus en plus nombreux ?

56. Imposition – plus-value

Une opération immobilière menée en toute bonne foi lourdement sanctionnée.

M. et Mme Dubus ont acquis un terrain il y a quelques années pour y faire construire une maison. Lorsque les travaux se terminent, le couple décide de vendre la propriété dans laquelle il résidait jusqu'alors avec ses enfants pour intégrer son nouveau domicile. Malheureusement, la livraison clés en main de la villa révèle de nombreuses malfaçons. M. Dubus entreprend alors de demander le bénéfice de l'assurance dommage. Les experts se succèdent. L'entrepreneur met en œuvre tous les moyens pour retarder, et si possible éviter, le moment où sa responsabilité sera mise en cause. La procédure traîne. Face à ces stratagèmes juridiques, M. Dubus perd espoir. La mort dans l'âme, il décide de ne pas déménager et de vendre la construction neuve, sans jamais l'avoir occupée ni à titre principal ni à titre secondaire.

En matière de cession d'un immeuble neuf, le droit fiscal est très clair : une imposition spécifique porte sur la plus-value réalisée, que la volonté du propriétaire soit de spéculer ou non. Pour M. Dubus, trop, c'est trop ! Il est déjà suffisamment dépité de n'avoir pas réussi à faire sanctionner l'entrepreneur responsable de son préjudice, et de se trouver contraint de vendre une maison neuve : il refuse carrément d'entendre parler de cet impôt.

Saisi par M. et Mme Dubus, le Médiateur de la République les informe qu'il ne peut pas remettre en cause le mode de calcul de cet impôt. En revanche, il constate que l'administration fiscale n'a admis aucune déduction, ni abattement, au titre des emprunts contractés par le couple pour l'achat de la maison. La raison est simple : ces cadeaux fiscaux sont réservés aux résidences secondaires. Or, la maison construite par M. et Mme Dubus devait devenir leur résidence principale ! M. Dubus, qui s'est lancé dans une opération immobilière sans aucune intention spéculative et en toute bonne foi, se retrouve donc lourdement taxé. Beaucoup plus que s'il avait été un professionnel de l'immobilier agissant à des fins spéculatives.

Sensible à ces arguments présentés par le Médiateur de la République, le directeur des services fiscaux concernés a accepté, « en équité », de déduire de la plus-value les charges financières liées aux emprunts contractés par Monsieur et Madame. Dans sa grande générosité, il a également consenti à annuler toute majoration et intérêt de retard.

Mais la plus-value est restée, reste et restera imposable. Comme les textes le prévoient !

Le commentaire du Médiateur

En taxant lourdement une opération immobilière non spéculative, l'administration a oublié l'esprit de la loi, mais aussi le réalisme fiscal qu'elle sait pourtant invoquer, fort commodément, pour justifier sa position. Comment sanctionner un couple victime de la négligence d'une entreprise en bâtiment, alors que leur bonne foi est patente ? Il est profondément injuste de les considérer comme de vulgaires spéculateurs. Les citoyens confrontés à un blocage de ce type ne doivent pas hésiter à faire valoir leur situation personnelle auprès de la direction des services fiscaux.

57. Impôt sur le revenu – déduction d'une perte en capital

L'application trop stricte des règles fiscales pénalise l'esprit d'entreprise.

Pour soutenir un ami dans la création de son entreprise en 1996, M. Burgos souscrit au capital de la jeune société à hauteur de 990 000 francs (150 924 €). Malheureusement, l'activité ne rencontre pas le succès escompté. Les dettes s'accumulent, les employés ne perçoivent plus leurs salaires et le 9 janvier 1998 le tribunal de commerce prononce la liquidation judiciaire de la structure. En toute bonne foi, M. Burgos déduit de son revenu imposable de l'année 1998 le montant de la perte en capital subie consécutivement à la liquidation de l'entreprise dans laquelle il avait investi.

Mais pour l'administration fiscale, cette déduction est... prématurée. En effet, selon les textes, s'agissant d'une société qui se trouve en état de cessation de paiement dans les cinq ans qui suivent sa constitution, la déduction ne peut être effectuée qu'après le jugement de clôture des opérations de liquidation judiciaire. L'administration se préserve ainsi contre les situations - exceptionnelles - de redémarrage d'une activité entre la liquidation judiciaire et le jugement de clôture des opérations liées à ce triste épilogue.

Or, dans l'affaire qui intéresse M. Burgos, ce jugement tarde, et pour cause : le liquidateur judiciaire souhaite obtenir la condamnation à la réparation des souscripteurs au capital qui n'ont pas respecté leur engagement d'alimenter le compte courant de la jeune entreprise. M. Burgos trouve cette décision particulièrement inique. Pourquoi attendre, puisque depuis 1998, l'issue de la liquidation judiciaire ne fait aucun doute ?

Pour le Médiateur de la République, saisi par M. Burgos, la position des services fiscaux est fondée en droit. En effet, le très médiatique article 163 octodecies A du code des impôts attache une grande importance, en cas de liquidation judiciaire, au jugement de clôture. En revanche, le Médiateur de la République demande que la situation de M. Burgos puisse donner lieu à un examen sur le plan gracieux. Il cite à l'appui de sa démarche l'article 32 de la seconde loi de finances rectificative pour 2002 du 30 décembre 2002. Ce texte permet en effet au contribuable de déduire par anticipation la perte d'un capital l'année du jugement prononçant la liquidation judiciaire.

La motivation du législateur est claire : ne pas pénaliser les citoyens en leur imposant des délais beaucoup trop longs pour obtenir les jugements adéquats. Mais pour l'administration fiscale, c'est « niet » ! En effet, l'article 32 de la loi de 2002 s'applique pour les jugements de liquidation intervenus depuis le 1er janvier 2000. M. Burgos ne peut donc pas s'en prévaloir, puisque la liquidation en cause remonte à 1998 !

Toutefois, sur l'insistance du Médiateur de la République, le directeur général des impôts a accepté de se montrer clément. Il a autorisé M. Burgos à déduire pour l'année 1998 une partie de la perte de capital, soit 15 224,90 € (100 000 francs), le montant prévu par la loi de 2002.

Manifestement impressionné par l'article 163 octodecies A, monsieur le directeur a néanmoins pris soin de se protéger en prévoyant la remise en cause de cette déduction dans l'hypothèse où le jugement de clôture de la liquidation judiciaire serait infirmé. monsieur le directeur est également prêt à revenir sur ses largesses en cas de mise en cause de la responsabilité de M. Burgos dans le cadre de la procédure civile.

Au vu du dossier, ces hypothèses sont hautement improbables. Mais l'administration ne s'écarte pas du droit (chemin) sans emporter un parapluie...

Le commentaire du Médiateur

En matière fiscale, l'administration est souvent en situation de « compétence liée », c'est-à-dire qu'elle est tenue d'appliquer la loi à la lettre. Pour autant, s'agissant d'une application mesurée de la loi fiscale, l'administration peut et doit tenir compte de l'évolution des textes dans le temps. C'est à elle qu'il revient de juger les raisons qui conduisent le législateur à adapter certaines règles. Il est fondamental que le Médiateur de la République puisse invoquer utilement, sur un terrain amiable, des arguments qui ne seraient pas recevables dans le cadre d'un recours contentieux. En effet, quelle que soit la pertinence de notre recours, le principe de non-rétroactivité peut toujours empêcher d'aboutir à une solution équitable.

58. Inaptitude au travail – coordination des régimes

Tous les régimes de retraite n'ont pas la même définition de l'inaptitude au travail. Tant pis pour ceux qui ont exercé des activités différentes au cours de leur vie active.

En raison de plusieurs changements professionnels, M. Gilbert a été affilié à la fois au régime général de la Sécurité sociale et au régime des professions libérales. En juillet 2000, à l'âge de soixante ans, il sollicite une pension de retraite à taux plein pour inaptitude au travail. Ce que lui accorde la Caisse nationale d'assurance vieillesse (CNAV). Malheureusement, en ce qui concerne le régime des professions libérales, l'organisme compétent, la CIPAV, refuse à M. Gilbert ce même bénéfice anticipé de l'allocation vieillesse et de la retraite complémentaire !

Surpris par ce manque de coordination, M. Gilbert saisit le tribunal du contentieux de l'incapacité ; contre toute attente, ce dernier approuve le refus de la CIPAV. Inapte pour les uns, apte pour les autres, M. Gilbert décide de faire appel en octobre 2004 devant la Cour nationale de l'incapacité et de la tarification de l'assurance des accidents du travail.

Parallèlement, il saisit le Médiateur de la République afin de tenter d'obtenir le règlement amiable de ce casse-tête pour le moins singulier. Malheureusement, celui-ci ne peut pas intervenir : la décision de la CIPAV, fondée sur une appréciation d'ordre médical, est inattaquable ! Aucune autorité administrative ne peut en effet remettre en cause le diagnostic d'un médecin...

Comment la Caisse nationale d'assurance vieillesse, qui a reconnu l'inaptitude au travail de M. Gilbert, peut-elle être déjugée par une seconde caisse d'assurance retraite, représentant cette fois les professions libérales ? L'aptitude au travail diffère-t-elle selon qu'un emploi est exercé dans le secteur public ou dans le secteur privé ? Il est vrai que les textes donnent de l'incapacité deux définitions différentes. Dans le régime général, l'inaptitude est reconnue lorsque l'assuré ne peut plus poursuivre l'exercice de son emploi sans nuire gravement à sa santé et qu'il se trouve atteint d'une incapacité de travail de 50 % médicalement constatée (articles L 351-7 et R 351-21 du code de la Sécurité sociale). Dans le régime des professions libérales, l'inaptitude au travail est appréciée en déterminant « si le requérant, compte tenu de son âge, de son état de santé, de ses capacités physiques et mentales, de ses aptitudes ou de sa formation professionnelle, n'est plus en mesure d'exercer une activité professionnelle ».

Le résultat ? Allez savoir...

Le commentaire du Médiateur

Qu'elle soit professionnelle ou géographique, la mobilité soulève des problèmes insupportables de reconnaissance des droits. Être successivement salarié du privé, travailleur indépendant, agriculteur ou agent de la fonction publique réserve souvent de mauvaises surprises liées aux changements de régimes sociaux d'affiliation. Dans le cas exposé ci-dessus, la coexistence de deux définitions de l'inaptitude ne permet pas d'aboutir à une conclusion identique, alors qu'il s'agit du même travailleur. Or, cette confusion inadmissible a un impact majeur sur l'ouverture des droits liés à l'assurance vieillesse. Là encore, une remise à plat des différents régimes d'assurance s'impose. Il est intolérable que des citoyens qui ont versé chaque mois, pendant des années, des cotisations sociales ne puissent percevoir les allocations correspondantes en raison d'un embrouillamini administratif. L'amélioration des relations entre administration et citoyens ne peut se limiter à la simple mise en place de numéros verts. Dans de nombreux domaines, elle impose une profonde révolution juridique.

59. Indemnisation des victimes

Lorsqu'une cour d'appel oblige à rembourser 200 000 €.

En 1998, Mme Poussier est victime d'un accident d'avion. Au regard de son dossier médical, la Commission d'indemnisation des victimes d'infraction (CIVI) du tribunal de grande instance décide de lui attribuer 230 000 € en réparation des préjudices subis. Cette somme est donc versée à Mme Poussier par le Fonds de garantie des victimes d'actes de terrorisme et d'autres infractions (FGIT).

Mais le FGIT, qui estime ce montant excessivement élevé, fait appel de la décision du tribunal de grande instance... En 2000, coup de tonnerre : la cour d'appel infirme le premier jugement et ramène le montant du préjudice de la victime à 30 000 € seulement.

Mme Poussier dépose alors un pourvoi en cassation, mais il est rejeté en 2002.

La jeune femme est effondrée : il lui est impossible de rembourser au FGIT la différence de 200 000 € entre l'indemnité perçue après le premier jugement et celle qui lui est définitivement allouée. Il ne lui reste plus que la moitié de cette somme. En effet, Mme Poussier a dépensé une partie de l'indemnité dans divers frais médicaux et paramédicaux pour améliorer son confort et sa qualité de vie. La seule solution consisterait à vendre la maison familiale qu'elle possède en indivision avec son époux. Mais Mme Poussier ne peut s'y résoudre.

Elle fait appel au Médiateur de la République. Mais le FGIT se montre d'emblée inflexible : s'agissant de fonds appartenant à la collectivité publique, il annonce qu'il ne renoncera pas à sa créance. Le Médiateur de la République saisit alors le ministère de l'Économie et des Finances en insistant sur la situation dramatique dans laquelle se retrouve Mme Poussier. Après avoir vécu un accident d'avion, comment peut-on lui reprocher d'avoir dépensé une somme allouée... par la justice ? Malheureusement, le ministère se montrera tout aussi inflexible, invoquant les personnes qui remboursent au FGIT l'intégralité des sommes réclamées, et qui seraient lésées par une telle inégalité. Le Médiateur de la République a échoué. Mais lorsqu'une évaluation de préjudices passe de 200 000 € à 30 000 €, qui est vraiment en situation d'échec ? Et surtout, qui est sanctionné ?

Le commentaire du Médiateur

Tant que des voies de recours existent, aucun jugement n'est définitif. Il est nécessaire de rappeler aux citoyens qui se voient allouer une somme importante par un tribunal de ne pas engager des frais trop dispendieux tant qu'un recours en justice reste possible. Dans ce cas, la situation de cette jeune femme paraît toutefois injuste et douloureuse. Comment un tel revirement est-il possible ? Cette évolution pour le moins étonnante quant à l'appréciation d'un préjudice a de quoi faire vaciller même les citoyens les plus confiants en l'État.

60. Indemnisation du chômage – agents publics

Litige entre deux employeurs sur l'indemnisation du chômage.

M. Toma exerce le métier d'éducateur spécialisé. Entre le 1er septembre 1995 et le 1er septembre 2000, il travaille dans un centre hospitalier qui l'a recruté dans le cadre d'un contrat de travail à durée déterminée (CDD). En septembre 2000, il décide de quitter la région et démissionne de cet emploi. Il obtient un autre CDD dans un établissement privé de la ville où il vient d'emménager, puis, à la fin de ce contrat, il s'inscrit comme demandeur d'emploi. Surprise : l'Assedic refuse de l'indemniser. En effet, l'employeur principal de M. Toma, lors de la période prise en compte pour le calcul de sa durée d'affiliation, appartient au secteur public. Il ne relève donc pas de l'assurance chômage. M. Toma se retourne alors vers le centre hospitalier concerné. Qui lui adresse à son tour une fin de non-recevoir. En effet, pour les responsables de cet hôpital, le départ volontaire de M. Toma avant le terme de son contrat à durée déterminée (CDD), fixé au 28 février 2001, le prive de tout droit à indemnisation au titre du chômage.

Juridiquement, c'est l'impasse. Socialement, sans solution rapide, ce sera vite la précarité...

Saisi du dossier, le Médiateur de la République ne doute pas une seconde que M. Toma puisse prétendre à une indemnisation. En effet, les dispositions de l'article 4-e du règlement annexe à la convention du 1er janvier 2001 relative à l'aide au retour à l'emploi prévoient que les salariés ayant quitté volontairement leur emploi retrouvent des droits au bénéfice d'un revenu de remplacement s'ils peuvent justifier « depuis ce départ volontaire d'une durée d'affiliation d'au moins quatre-vingt-onze jours ou d'une période de travail d'au moins 455 heures ». Or, après sa démission du centre hospitalier, M. Toma a bel et bien travaillé plus de quatre-vingt-onze jours, et cette fois, il a été jusqu'au terme de son CDD ! Donc, même si le changement de résidence de M. Toma, invoqué par celui-ci au moment de son départ du centre hospitalier, n'est pas reconnu comme un motif de démission légitime ouvrant droit à une indemnisation, le jeune éducateur peut tout à fait prétendre à des droits aux allocations chômage.

Dans cette affaire, le Médiateur de la République aura permis que les droits de M. Toma soient respectés. Simplement respectés.

Le commentaire du Médiateur

La gestion par l'employeur public de l'assurance chômage s'accompagne malheureusement de subjectivité quand il s'agit d'évaluer la situation de l'agent. Et, fait regrettable, la réglementation méconnaît parfois les conditions d'ouverture des droits. Or, cette ouverture doit intervenir de manière systématique et sans délai.

Les difficultés surgissent en raison des circonstances de la rupture du contrat. D'autre part, l'administration ne sépare pas gestion d'une carrière et gestion des droits à l'accès aux indemnités d'allocation pour perte d'emploi. D'où ces situations regrettables.

L'externalisation de cette fonction aux Assedic constitue heureusement une garantie pour faire respecter les droits de l'agent en recherche d'emploi.

61. Indemnisation du chômage – refus

Pourquoi une personne gérante de société ne percevrait-elle pas l'indemnisation chômage ?

Mme Ledru travaille à temps plein dans une PME. Licenciée pour motif économique le 24 septembre 2002, elle s'adresse à l'Assedic. Bizarrement, celle-ci refuse sa demande d'indemnisation suite à un avis défavorable de la direction de l'agence locale pour l'emploi de la ville.

Le motif avancé se révèle pour le moins surprenant. En effet, depuis plusieurs années, parallèlement à son activité salariée, Mme Ledru est gérante non rémunérée et non salariée d'une petite entreprise. L'agence locale pour l'emploi utilise donc ce motif pour prétendre qu'elle n'est pas immédiatement disponible pour rechercher un nouvel emploi.

Cette interprétation, une fois encore bien éloignée des réalités du terrain, s'appuie sur un décret du 5 février 1992. Selon ce texte, « les personnes qui ont une activité professionnelle non salariée – travailleurs indépendants ou gérants de société – ne peuvent être inscrites dans une catégorie de demandeurs d'emploi immédiatement disponibles ». Mais ce texte poursuit-il un autre objectif que celui de diminuer les statistiques du chômage suivies à la loupe par les grands médias nationaux ?

Saisi du dossier, le Médiateur de la République observe en effet que la gérance de la société n'a pas empêché Mme Ledru d'occuper jusqu'ici un emploi salarié à plein temps. Pourquoi n'en irait-il pas de même pour son prochain poste ? Ce raisonnement de bon sens, l'Assedic aurait dû le faire elle aussi... De surcroît, depuis la décision prise par l'Assedic de ne pas indemniser Mme Ledru, celle-ci a retrouvé et repris une activité salariée. Comme elle l'avait déjà prouvé par le passé, cette « travailleuse » est tout à fait en mesure de cumuler ses fonctions de gérante avec l'exécution d'un contrat de travail à temps plein.

Grâce à l'intervention du Médiateur de la République, la direction régionale de l'ANPE a finalement accepté de reconnaître la réalité. Elle a inscrit Mme Ledru sur la liste des demandeurs d'emploi avec un effet rétroactif au 24 septembre 2002, ce qui lui a permis de toucher les indemnités de chômage auxquelles elle avait droit.

Le commentaire du Médiateur

La bonne volonté mal récompensée... Dans le cas présenté ici, le refus d'inscription en tant que demandeur d'emploi revenait à pénaliser un engagement désintéressé dans la vie économique. D'autre part, cette femme avait prouvé qu'elle pouvait concilier les deux activités. Il faut impérativement cesser de sous-estimer les capacités de travail de nos concitoyens souhaitant s'investir plus que d'autres dans la vie de la cité. Bannissons également les attitudes trop suspicieuses face aux demandeurs d'emploi. Un engagement bénévole est tout à fait compatible avec une activité salariée. La réduction du temps de travail constitue un argument supplémentaire à faire valoir auprès de l'Assedic. Une circulaire ministérielle permettrait sans nul doute de clarifier cette question.

62. Indemnisation du chômage après un séjour à l'étranger

Comment faire valoir ses droits, quand les services concernés vous informent de façon incomplète et erronée ?

En juillet 1999, pour suivre son conjoint muté en Grande-Bretagne, Mme Jocelyn démissionne de l'emploi qu'elle occupe en France. Pour faire valoir ses droits à l'assurance chômage dans ce pays, son ancien employeur lui conseille de faire établir un imprimé E 301 par la direction départementale du travail. Munie de ce document, Mme Jocelyn dépose son dossier pour bénéficier de l'assurance chômage en Angleterre... Mais celle-ci lui est refusée, en raison d'une durée d'affiliation insuffisante.

Par chance, Mme Jocelyn retrouve rapidement un emploi en Grande-Bretagne. En octobre 2001, elle démissionne de ce poste pour suivre une nouvelle fois son époux muté en France. Les services de l'emploi locaux lui déconseillent de s'inscrire comme demandeur d'emploi sur place, dans la mesure où elle doit de nouveau quitter le pays quelques mois plus tard. Elle attend donc avril 2002, et son retour définitif en France, pour s'inscrire comme demandeur d'emploi. Parallèlement, elle dépose une demande d'allocation chômage. Mais en juin 2002, l'Assedic lui refuse le versement de « l'allocation d'insertion expatrié ». Motif : dépassement du plafond de ressources...

Saisi du dossier, le Médiateur de la République constate que l'Assedic a bien interprété les textes : Mme Jocelyn, dans la mesure où elle n'a pas retravaillé en France à son retour d'Angleterre, ne peut prétendre qu'à une allocation d'insertion. Or, elle ne remplit effectivement pas les conditions pour en bénéficier. En revanche, le Médiateur de la République relève que, à deux reprises, l'administration a fourni à l'intéressée des informations incomplètes ou erronées, ce qui l'a conduite à ne pas engager les démarches appropriées.

Tout d'abord, en 1999, avant de quitter la France, elle aurait dû s'inscrire comme demandeur d'emploi et demander la délivrance d'un imprimé E 303, et non E 301 ! Cet imprimé lui aurait ainsi permis de bénéficier de trois mois d'indemnisation en Grande-Bretagne, au titre des droits correspondants au régime français d'assurance chômage. La même démarche aurait dû être accomplie avant son départ de Grande-Bretagne. Mal informée, Mme Jocelyn n'a pu bénéficier d'aucune des indemnisations prévues au titre de la réglementation communautaire. *Shocking !*

Pour le Médiateur de la République, il reste toutefois un espoir.

En effet, Mme Jocelyn peut encore bénéficier des droits issus de la rupture de son premier contrat de travail en France. Car l'article 8 alinéa 3(b) du règlement de l'assurance chômage annexé à la convention Unedic du 1er janvier 2001 prévoit des cas pour lesquels le délai de dépôt des dossiers peut être prolongé. En particulier lorsque l'intéressé « a été conduit à démissionner pour accompagner son conjoint qui s'est expatrié pour occuper un poste de salarié ou une fonction non salariée, hors du territoire français ».

Cette argumentation a été acceptée par l' Unedic, qui a finalement accepté que Mme Jocelyn bénéficie d'une prise en charge rétroactive.

Plus d'Europe ? Moins d'Europe ? Pendant ce temps, le débat continue...

Le commentaire du Médiateur

Les droits aux allocations chômage sont « exportables » d'un pays européen à l'autre, mais selon des règles complexes (voir commentaire du cas 8), souvent mal maîtrisées par les services de l'emploi eux-mêmes. Cela dit, l'Unedic a élaboré un certain nombre de fiches (présentes notamment sur le site assedic.fr) qui s'efforcent de les clarifier : l'on ne peut qu'inciter les personnes concernées à s'y reporter, et à ne pas se contenter d'informations données oralement. D'autre part, la réglementation du chômage française prévoit des dispositions particulières pour les personnes qui démissionnent d'un emploi pour suivre leur conjoint qui a trouvé du travail dans un autre pays européen. Si cette personne n'a pas trouvé d'emploi dans le pays d'accueil, elle peut préserver ses droits pendant quatre ans dans le système français. Mais toutes ces dispositions particulières sont mal connues, et les demandeurs d'emploi ont bien du mal à s'en prévaloir.

63. Indemnités journalières – calcul

Des indemnités recalculées avec une erreur...

M. Roquemaistre exerce la profession de vendeur. En 2003, une maladie le contraint à interrompre son activité pendant quelques semaines. M. Roquemaistre perçoit donc des indemnités journalières de l'assurance maladie.

Voilà que, en mars 2004, la caisse primaire de son département lui demande de rembourser la somme de 1 289,54 € en raison d'un trop-perçu. M. Roquemaistre conteste immédiatement cette décision, mais l'administration reste sourde. Elle ne consent même pas à lui fournir d'explications. Il faut rembourser, sous peine de voir la « machine » s'emballer et d'assister à l'entrée en scène de quelques huissiers...

Exaspéré de ne pouvoir obtenir le moindre éclaircissement, M. Roquemaistre saisit le Médiateur de la République. Première bonne nouvelle : une explication, enfin ! En fait, la caisse primaire d'assurance maladie a tout d'abord calculé les indemnités versées à M. Roquemaistre en fonction de son salaire minimal fixe, plus les commissions qu'il perçoit en sa qualité de vendeur. Jusque-là, tout est normal. Ensuite, à l'occasion d'un contrôle interne, l'organisme a décidé de revoir sa copie et de ne retenir que le seul salaire pour calculer le montant des indemnités journalières. La décision a de quoi surprendre, car non seulement les commissions constituent une part importante de la rémunération des vendeurs, mais d'autre part, M. Roquemaistre paie des cotisations sociales sur lesdites commissions.

La CPAM s'est défendue en arguant que les bulletins de salaire mentionnaient le terme « primes » et non celui de « commissions », ce qui prêtait à confusion. Pour l'administration, il est vrai qu'il importe d'avoir le mot juste. Mais tout de même... Fort heureusement, grâce à l'intervention du Médiateur de la République, la CPAM a accepté de vérifier que les « primes » mentionnées correspondaient bien à des « commissions ». Le résultat étant positif, elle a annulé la dette de M. Roquemaistre.

Toute cette peine pour en arriver là...

Le commentaire du Médiateur

Pourquoi l'administration n'a-t-elle pas vérifié ce que recouvrait le terme de « primes » avant de remettre en cause le versement des indemnités journalières ? Et, pourquoi n'est-elle pas en mesure de répondre aux demandes d'explications d'un assuré social ? Une réflexion doit être menée par la CNAM sur ce sujet. Il serait souhaitable que chaque assuré social puisse contacter un agent référent, dont le nom et les coordonnées figureraient sur la correspondance échangée. En cas de défaillance, une réclamation pourrait être adressée à un supérieur, également identifié.

NB : nous devons également témoigner une grande vigilance pour empêcher le développement des numéros d'appel qui aboutissent à surfacturer les communications téléphoniques. Il est inadmissible qu'une demande d'information coûte plus cher qu'une simple communication locale. Le Médiateur encourage le ministre de la Fonction publique à mener une vaste action de sensibilisation sur ce sujet.

64. Information des assurés sociaux

Quand les administrés doivent deviner les décisions de l'administration...

M. Raymond souffre d'un état de quasi-cécité, un handicap pour lequel la COTOREP lui a attribué une carte d'invalidité permanente qui mentionne un taux d'incapacité de 95 %. À ce titre et en application de l'article 321.4 du code de la sécurité sociale, M. Raymond a bénéficié du remboursement de ses frais de transport à compter du 25 juillet 2001 pour une durée de deux ans. Au terme de ce délai, M. Raymond a sollicité la reconduction de ce droit, joignant à sa demande un certificat médical attestant que son état ne s'est pas amélioré. Mais pendant de longs mois, la caisse primaire d'assurance maladie (CPAM) reste silencieuse. M. Raymond a beau appeler, écrire, relancer régulièrement l'organisme, toutes ses démarches restent sans réponse. Aucun agent ne semble en mesure de le renseigner.

Exaspéré, M. Raymond se rend à une permanence du délégué du Médiateur de la République. Celui-ci intervient immédiatement auprès de la CPAM. Heureuse surprise : la caisse annonce qu'elle a reconduit le même dispositif au profit de M. Raymond dès le 13 août 2003. Pourquoi, dès lors, l'intéressé n'en a-t-il pas été informé ? Réponse : l'attribution ou la prolongation de ce dispositif ne fait, jusqu'à ce jour, l'objet d'aucune information en direction des intéressés...

Le commentaire du Médiateur

Il est insupportable que des citoyens restent dans l'ignorance totale des suites données à un dossier. D'autant qu'il s'agit ici d'une décision de grande importance, dont les conséquences auront un impact majeur sur la vie quotidienne d'une personne en perte de mobilité. Comment les assurés peuvent-ils connaître la façon dont il convient d'interpréter le silence de l'administration, puisqu'il s'agira dans un cas de rejet et dans l'autre d'acceptation ? Suite à l'intervention du délégué du Médiateur de la République, le directeur de la CPAM a décidé d'informer systématiquement les assurés sociaux concernés par de telles mesures. Quand il est si souvent question d'améliorer les relations entre l'administration et les citoyens, ce type d'engagement mériterait d'être largement étendu.

65. Invalidité

Comment les citoyens font les frais des retards pris par la publication des décrets d'application d'une nouvelle loi.

Mme Léoni vit depuis plusieurs années avec la maladie de Parkinson. Ses mouvements deviennent de plus en plus incertains. Elle souffre. Suite à une nouvelle aggravation de son état de santé, elle demande une pension d'invalidité de deuxième catégorie. Malheureusement, celle-ci lui est refusée par sa caisse primaire d'assurance maladie (CPAM) en novembre 1999. Sur les conseils de son médecin, elle engage une procédure contentieuse qui aboutit devant la juridiction compétente en la matière, la Cour nationale de l'incapacité et de la tarification (CNIT). Mais début 2004, cette juridiction ne s'est toujours pas prononcée ! Pendant ce laps de temps, l'état de santé de Mme Léoni ne s'est bien entendu pas amélioré...

Compte tenu de ses difficultés quotidiennes croissantes, et se sentant victime d'un profond mépris, Mme Léoni fait appel au Médiateur de la République. Les éléments qu'il recueille prêteraient à rire si la situation d'une personne en état de grande vulnérabilité n'était en jeu.

L'affaire de Mme Léoni a été appelée à l'audience du 24 octobre 2000. Mais elle a alors été reportée, pour une raison de procédure. En effet, suite à une négligence administrative, le rapport de l'expertise médicale ordonnée dans un premier temps par la Cour n'a pas été transmis aux parties. Soit.

Mais le deuxième obstacle sur le chemin de la reconnaissance du handicap de Mme Léoni paraît beaucoup plus improbable. Il se trouve en effet que la loi de modernisation sociale du 17 janvier 2002 a modifié la composition de la Cour nationale de l'incapacité et de la tarification, celle-là même qui doit se prononcer sur le cas de Mme Léoni. Or – comble de l'absurde –, les modalités de désignation des membres seront précisées dans un décret publié... le 3 juillet 2003 ! La Cour a donc suspendu ses travaux en attendant de savoir quels membres la composeraient. En l'occurrence, le Médiateur de la République n'a pu qu'informer Mme Léoni de la situation et lui conseiller de patienter. Loi : janvier 2002. Décrets d'application : juillet 2003.

Mme Léoni pouvait bien attendre... Non, Mme Léoni ne pouvait pas attendre !

Son affaire a finalement été appelée à l'audience du 1er juillet 2004... et la pension d'invalidité de deuxième catégorie lui a été enfin attribuée.

Le commentaire du Médiateur

Voilà un triste exemple des conséquences de l'inflation législative dans notre pays. Les citoyens se retrouvent dans des situations inextricables. Les services administratifs compétents sont débordés... Depuis plusieurs décennies, l'Assemblée nationale et le Sénat déplorent la lenteur avec laquelle sont publiés les décrets d'application des lois. Certains textes législatifs sont ainsi modifiés par nos parlementaires sans que la version initiale ait pu totalement entrer en vigueur, faute de décrets d'application publiés dans les temps... Cette situation est totalement aberrante et appelle à une prise de conscience de nos parlementaires. C'est à eux qu'il revient de s'interroger sur cette fâcheuse manie de multiplier les lois sans s'assurer de leur application et sans prendre le temps d'interpeller le gouvernement sur un problème pourtant récurrent...

66. Logement vacant

Une lecture variable des textes selon les départements...

En 1997, Mme Giraud met en vente sa maison du Val-d'Oise pour s'installer en Haute-Savoie. Malheureusement, le marché immobilier local est en pleine crise et la vente n'aboutit qu'en juin 2000. Les services des impôts de Haute-Savoie considèrent alors que ce transfert de propriété n'est pas intervenu dans des délais normaux, fixés à un an, et ils refusent à Mme Giraud l'exonération de plus-value prévue pour les résidences principales. Mme Giraud conteste cette décision : la vente de sa maison du Val-d'Oise a pris plus de deux ans pour des raisons indépendantes de sa volonté. Mais les services fiscaux de Haute-Savoie demeurent insensibles aux fluctuations du marché immobilier francilien... L'affaire pourrait s'arrêter là et s'ajouter à la longue liste des cas où l'administration lit les textes d'une manière un peu trop scolaire. Mais en réalité, la situation se révèle beaucoup plus cocasse, car les services fiscaux du Val-d'Oise, dont dépend Mme Giraud pour le paiement des impôts fonciers, lui reconnaissent le bénéfice de l'exonération de la taxe sur les logements vacants. Les agents du Val-d'Oise admettent donc les raisons exposées par Mme Giraud pour expliquer pourquoi cette maison, pourtant proposée au prix moyen du marché, est restée « en vente » pendant deux ans... Ce qui les met en contradiction avec leurs collègues montagnards !

Le directeur des services fiscaux de Haute-Savoie ne s'est pas rendu aux arguments du Médiateur de la République. En revanche, le directeur général des impôts les a admis, et Mme Giraud a été déchargée de l'impôt sur les plus-values.

Vive la liberté, l'égalité et la continuité du territoire..

Le commentaire du Médiateur

« Vérité en deçà des Pyrénées, erreur au-delà... » Comme beaucoup d'autres, ce cas illustre l'incohérence des textes et le caractère variable de leur lecture. L'administration rencontre souvent des difficultés pour apprécier juridiquement les mêmes faits. Ces erreurs aboutissent à des disparités choquantes que le Médiateur de la République parvient à résoudre assez aisément. Mais qu'en est-il des autres cas qui restent inconnus pour différentes raisons ?

Est-il présomptueux, ou utopique, d'envisager que l'administration puisse elle-même régler ces situations particulièrement injustes ? La mise en réseaux informatiques pourrait être un précieux secours. Sans cette « révolution », l'égalité des citoyens devant l'impôt restera un vœu pieux.

67. Maison de retraite – obligation alimentaire

Une obligation alimentaire non respectée – Deux sœurs victimes de l'incurie d'une maison de retraite.

Placée sous tutelle, Mme Marquette vit depuis plusieurs années dans une maison de retraite rattachée à l'hôpital de la ville. La tutelle a d'abord été exercée par un des gendres de Mme Marquette, puis par une de ses filles. Les frais d'hébergement sont élevés, obligeant chacun de ses six enfants à participer aux dépenses au titre de l'obligation alimentaire.

Très vite, Cécile et Martine, deux des filles de Mme Marquette, s'opposent à leurs quatre autres frères et sœurs sur la répartition de la quote-part leur incombant au titre de l'obligation alimentaire. La réponse des quatre frères et sœurs ne se fait pas attendre : ils cessent tout versement dès avril 2002. Le conflit s'envenime. Dans le souci de trouver une solution d'apaisement, la tutelle est confiée à la gérante de la tutelle de l'hôpital par une ordonnance de changement de représentant légal.

Pour mettre un terme à ces tensions familiales et surtout pour ne pas laisser les dettes s'accumuler, la gérante de la tutelle de l'hôpital aurait dû, à ce stade de l'histoire, saisir le juge des affaires familiales (JAF) ; au lieu de quoi, elle ne réagit pas. Et lorsque Mme Marquette décède début 2003, l'établissement présente une créance de plus de 12 000 €... Dans le cadre de la succession, Cécile et Martine, qui se sont toujours acquittées de leur participation, se voient alors réclamer chacune le sixième de cette dette. Elles refusent de payer, dans la mesure où cette obligation résulte de l'incurie de leurs quatre frères et sœurs. Au nom de quels principes devraient-elles assumer une charge supplémentaire ? L'hôpital, se montrant subitement d'une intransigeance absolue, ne se pose pas les mêmes questions : la dette doit être recouvrée auprès des héritiers. Ils sont au nombre de six, or, la dette s'élève à 12 000 €, donc chacun doit rembourser 2 000 €. La logique administrative est imparable.

Saisi par Cécile et Martine, le Médiateur de la République estime que l'absence de décision du JAF a entraîné des conséquences préjudiciables pour les deux sœurs, dans la mesure où une décision de justice aurait permis d'éviter ces recours successoraux. L'établissement hospitalier reconnaît qu'il n'a pas saisi le JAF : il applique, dans le cadre de la succession, les règles de quote-part. Pourquoi se préoccuper des choses de la vie, quand celles d'après la mort se soldent par des calculs d'une telle limpidité : 12 000 € / 6 = 2 000 € ?

Une médiation peut aussi échouer pour des raisons... mathématiques. Purement mathématiques.

Le commentaire du Médiateur

L'établissement hospitalier en cause apparaît tout-puissant. Il ne satisfait pas à ses obligations vis-à-vis de la justice, de la loi, mais il n'en subit pas les conséquences. Quel citoyen pourrait prétendre à une telle « impunité » ?

Mais au-delà du sentiment d'injustice légitime des deux sœurs, ce cas pose une question beaucoup plus vaste qui touche à l'avenir des tutelles. Le système juridique qui les sous-tend est aujourd'hui archaïque. Aucun contrôle digne de ce nom n'est effectué sur le quotidien et l'organisation de vie des personnes les plus vulnérables. Tutelles et curatelles doivent donc faire l'objet d'une réforme d'envergure qui privilégie l'attention portée aux personnes nécessitant une mesure de protection et qui fasse régner la justice entre les héritiers et ayants droit.

S'attaquer à un dossier d'une telle ampleur demande du courage politique. Mais la réconciliation des Français avec leur classe politique passe aussi par cette défense du « bien public », au-delà de tout compromis, de toute démagogie et de tout corporatisme. En attendant, les familles et les proches des personnes placées sous tutelle doivent maintenir une vigilance de tous les instants, et solliciter l'aide d'un avocat ou d'une association de défense des plus vulnérables en cas de problème juridique ou financier.

68. Médecins à diplôme étranger (hors Union européenne)

Malgré une pénurie croissante de médecins, les praticiens étrangers se débattent avec la réglementation pour obtenir le droit de travailler.

M. Ganjbak est médecin, mais son diplôme étant étranger, il doit obtenir l'autorisation d'exercer en France. Pour y parvenir, il lui faudra mener un véritable parcours du combattant – dont l'issue sera hélas sans gloire pour notre administration, et surtout sans vainqueur.

M. Ganjbak a commencé par présenter sa demande dans le cadre de l'ancienne procédure définie par la loi du 13 juillet 1972. Jusqu'en 2004, date où cette procédure a cessé d'être en vigueur, les candidats pouvaient obtenir le certificat de synthèse clinique et thérapeutique (CSCT), après vérification de la validité de leur diplôme et à condition de réussir un certain nombre d'épreuves écrites et orales. Cette attestation sanctionnait l'équivalence de six années d'études de médecine « traditionnelles ». Ensuite, après une seconde formation, les médecins à diplôme étranger devaient passer un diplôme interuniversitaire de spécialisation (DIS). Préalablement à cet examen, chaque candidat médecin devait soumettre son dossier à une commission gouvernementale qui accordait des autorisations d'exercer, en fonction d'un quota annuel. C'est la procédure qu'a suivie M. Ganjbak. Malheureusement, l'autorisation d'exercer lui est refusée.

Souhaitant connaître les motifs de cette éviction, M. Ganjbak saisit le Médiateur de la République, qui interpelle à son tour le ministre de la Santé. Ce dernier précise les deux conditions retenues par la commission en 2001 et 2002 : être naturalisé français d'une part, et justifier de fonctions hospitalières rémunérées commencées avant le 28 juillet 1999 d'autre part. Or, pour obtenir le diplôme interuniversitaire de spécialisation (DIS), M. Ganjbak a effectué pour l'essentiel des stages hospitaliers... bénévoles.

S'il persiste à vouloir exercer en France, M. Ganjbak doit à présent se soumettre à la nouvelle procédure prévue par l'article L 411-2 du code de la santé publique (décret du 8 juin 2004 et arrêtés d'application du 21 juillet 2004). Cette procédure se déroule en plusieurs phases. Dans un premier temps, les candidats doivent avoir été classés en rang utile à des épreuves de vérification des connaissances organisées par discipline ou spécialité. Dans un deuxième temps, ils accomplissent pendant trois ans des fonctions hospitalières. Dans un troisième temps, les autorisations sont accordées après avis d'une commission qui évalue chaque cas en fonction de l'expérience et des compétences « attestées et prouvées » dans les services hospitaliers français.

M. Ganjbak, qui a rempli toutes les conditions imposées par la procédure en vigueur jusqu'en 2004 doit donc repartir de zéro et se soumettre à une nouvelle réglementation ! Cette exigence se révèle d'autant plus incompréhensible que l'équivalence de son diplôme lui a été refusée parce qu'il travaillait... bénévolement. Ses compétences n'étaient donc nullement en cause. Au nom de quelles valeurs M. Ganjbak doit-il être ainsi maintenu dans la précarité ? La France est pourtant réputée pour sa tradition d'accueil...

La chose est d'autant plus étonnante que le ministère de la Santé vient de commander à la Mission nationale d'expertise et d'audit hospitaliers un diagnostic sur la manière d'optimiser le temps de travail des médecins, pour lutter contre la raréfaction de nos ressources médicales...

Le commentaire du Médiateur

Cette succession de dispositifs a légitimement suscité de nombreuses questions et demandes d'éclaircissements. Ne pouvait-on pas faire plus simple ? Pourquoi demander à des médecins qui ont exercé plusieurs années dans nos hôpitaux de prouver leurs compétences ? Leur expérience ne suffit-elle pas ?

Le Médiateur de la République a alerté le ministre des Solidarités, de la Santé et de la Famille sur le problème des praticiens titulaires d'un diplôme interuniversitaire de spécialisation. Ce diplôme leur permettait de se spécialiser en France, sans toutefois pouvoir exercer dans notre pays... Il serait juste de ne pas les obliger à passer de nouveaux examens pour obtenir l'autorisation d'exercice de la médecine en France. Le ministre a répondu au Médiateur de la République que, en 2006, les épreuves pour les médecins titulaires d'un diplôme étranger, organisées en janvier, seraient ouvertes à toutes les spécialités. Il a également pris l'engagement de permettre aux candidats de passer, en cas d'échec, quatre fois, au lieu de deux actuellement, les épreuves de contrôle des connaissances. Mais est-ce vraiment suffisant ?

69. Militaires – aides spécifiques

Erreur de la préfecture, prescription quadriennale... tentative pour ne pas verser une pension ?

Mme Lika, rapatriée d'Algérie, vit paisiblement en métropole avec sa famille. Devenue veuve, elle demande en 1995 à bénéficier de l'aide spécifique prévue par une loi de 1994 en faveur des conjoints survivants des anciens membres des formations supplétives. Cette aide lui est refusée par les services de la préfecture où elle réside, au motif que son mari a servi en Algérie en qualité de militaire d'active, et non comme supplétif. Après bien des démarches, Mme Lika obtient en 2001 de l'Agence nationale pour l'indemnisation des Français d'outre-mer une attestation infirmant la position de la préfecture : son époux a bien été membre d'une formation supplétive ! Munie de ce document, Mme Lika réitère sa demande et sollicite en toute logique le rappel des prestations dues au titre des années 1994 à 2000. Mais la mission interministérielle aux rapatriés refuse alors de verser ces sommes en invoquant... la prescription quadriennale ! En résumé, l'administration commet une erreur, puis met quelques années à la reconnaître avant de décider de ne pas réparer cette méprise parce qu'il y a prescription.

Pour le Médiateur de la République, la solution relève du simple bon sens : en demandant en juin 2001 le réexamen de son dossier, Mme Lika a interrompu la prescription quadriennale. L'aide à laquelle elle pouvait prétendre a été bloquée du fait de l'erreur commise par la préfecture, qui aurait dû vérifier la qualité d'ancien supplétif du mari de Mme Lika auprès des autorités compétentes. Or, l'Agence nationale pour l'indemnisation des Français d'outre-mer n'a jamais été saisie...

Grâce à l'action du Médiateur de la République, la mission interministérielle aux rapatriés a accepté de reconnaître quelques dysfonctionnements avant de verser à Mme Lika l'allocation légitimement due pour la période allant de 1994 à 2000.

Le commentaire du Médiateur

La prescription quadriennale des créances de l'État date de 1968. Cette règle permet de garantir la sécurité budgétaire de l'administration. Mais ce cas en illustre les limites. La prescription quadriennale est injuste, exorbitante, puisqu'un particulier qui a une créance envers l'État est soumis, lui, à la prescription trentenaire ! Le Médiateur intervient souvent pour mettre un terme aux errements de l'administration, démontrant à celle-ci l'inéquité de sa position. Ce dont elle pourrait juger seule, puisqu'elle a la faculté de ne pas appliquer la règle si les conséquences paraissent trop injustes...

Cette série de dysfonctionnements administratifs reste le domaine privilégié s'il en est de l'action du Médiateur de la République. Mais au-delà du résultat, il est permis de s'interroger sur les causes de ces erreurs et manquements administratifs successifs commis pendant autant d'années.

70. Nationalité

Après plus de quarante ans, les problèmes administratifs – et humains – nés de l'indépendance de l'Algérie ne sont pas tous résolus.

Né à Aumale en Algérie en 1955, M. Afidi est abandonné par sa mère dès ses premiers jours. Citoyen français, il est reconnu pupille de l'État. Lorsque survient l'indépendance de l'Algérie en 1962, son nom de famille est arabisé par les autorités algériennes. Il s'appelait David, selon la tradition française qui consiste souvent à donner pour nom aux enfants abandonnés un prénom. Après l'indépendance, David devient Afidi. Son existence s'apparente alors à une course d'obstacles permanente. Il grandit sur le territoire algérien dans sept familles d'accueil différentes, un parcours pour le moins chaotique qui le prive de la possibilité de poursuivre des études. En outre, sa nationalité française l'empêche de s'insérer facilement et de trouver du travail.

En 1979, à l'âge de vingt-quatre ans, il décide de rejoindre la France. Sans aucune aide ni formation, enchaînant les « petits boulots », il commence son combat afin de faire reconnaître ce qu'il considère comme une injustice : le fait qu'un citoyen français, pupille de l'État, ait pu être ainsi abandonné.

« C'est quel formulaire ? » Le cas Afidi paraît effectivement inclassable. Pourtant, l'homme se bat, écrit lettre sur lettre. Il accumule les courriers de réponse officiels – tous empreints d'une grande compassion, mais la sacro-sainte générosité française s'arrête là. « Il fallait se manifester au moment de l'indépendance » lui dit-on. Oui, mais en 1962, M. Afidi avait sept ans, il était bien trop jeune... Alors, tant pis.

En désespoir de cause, M. Afidi saisit le Médiateur de la République. L'instruction est longue et difficile. Le Médiateur de la République demande au ministère des Solidarités, de la Santé et de la Famille de procéder à une enquête. La conclusion juridique de ce travail fait clairement apparaître que si la nationalité française a été « confisquée » par le changement d'état civil des enfants pupilles de l'État nés en Algérie de père et mère inconnus, cela n'a produit aucun effet juridique en France. M. Afidi a donc conservé de plein droit la nationalité française et le statut de pupille de l'État. Au lendemain de l'indépendance de l'Algérie, non seulement, il a été privé de l'un des éléments fondamentaux de son identité, mais, de par son abandon en territoire étranger, il a été également privé de la protection et du soutien matériel et moral que lui devait l'État en sa qualité de pupille.

Grâce à l'obstination du Médiateur de la République, l'État a accepté de reconnaître le préjudice moral subi par M. Afidi, et lui a proposé à titre de dédommagement la somme de 45 000 €. Après quarante-deux ans d'injustice, M. Afidi a été reconnu comme victime d'un mauvais fonctionnement de l'administration et symboliquement rétabli dans ses droits. Certains mauvais esprits diront que tout cela vient bien tard...

Le commentaire du Médiateur

La reconnaissance par l'État lui-même de sa responsabilité est un processus toujours extrêmement lent du fait de la symbolique qui s'attache à un tel aveu. Les conséquences humaines sont souvent très lourdes. L'histoire nous a également montré à quel point notre pays pouvait avoir des difficultés, des réticences, à assumer un passé douloureux. La colonisation, la décolonisation sont pourtant des réalités qu'il nous faudra affronter.

Le cas exposé a trouvé une heureuse issue, fruit d'un combat long et tenace de la part des services du Médiateur de la République. Quelle que soit l'antériorité d'un préjudice, il doit être réparé. La crédibilité de la justice est à ce prix. Notre dignité également.

71. Ouvrage public

Au-delà des terres expropriées, l'arrivée du TGV est un bouleversement.

Issus eux-mêmes d'une famille d'agriculteurs, M. et Mme Fabre sont cultivateurs en Seine-et-Marne depuis de longues années. L'exploitation est viable, la famille vit heureuse... jusqu'à l'arrivée du TGV-Est et de l'interconnexion TGV-Nord et TGV-Est. En effet, cette nouvelle infrastructure les contraint à faire circuler leurs engins agricoles sur la route nationale pour atteindre certaines de leurs parcelles. Outre le danger potentiel que représente la circulation d'un tracteur sur une route à grande vitesse, les conditions d'exploitation sont rendues plus difficiles. M. et Mme Fabre demandent donc au Réseau ferré de France (RFF) leur propre expropriation pour pouvoir redémarrer ailleurs une activité similaire... dans des conditions plus favorables. Le RFF leur donne une réponse positive, mais l'offre d'indemnisation, d'un montant de 25 000 €, paraît pour le moins sous-évaluée ! Dans un premier temps, le couple baisse les bras. L'histoire du pot de terre contre le pot de fer a encore de beaux jours devant elle...

Mais après quelques mois, sur les conseils d'un voisin, M. et Mme Fabre saisissent le Médiateur de la République. Une initiative particulièrement heureuse, puisque l'intervention de ce dernier aboutira à la signature d'un protocole d'accord entre les deux parties sur la base d'une indemnisation supérieure de 6 000 € à la proposition initiale.

Le commentaire du Médiateur

Le Médiateur de la République permet souvent d'aboutir à un protocole d'accord entre les parties. La rédaction d'un document, établi grâce à son intervention impartiale, permet d'acter les renonciations de l'un, les engagements de l'autre, les modalités d'application d'un accord, voire le montant d'indemnités transactionnelles. Contresigné par les deux parties, ce document représente un engagement qui a la valeur de la chose jugée. Compte tenu de cette portée juridique, la solution revêt un caractère définitif. Les parties intéressées peuvent alors renoncer en toute sérénité à saisir le juge. Cette modalité de règlement est souvent mise en avant lorsque le conflit est ancien et particulièrement exacerbé. Le Médiateur de la République, fort de sa position d'arbitre, permet d'objectiver les termes d'un litige et de renouer un dialogue fortement compromis.

72. Pension alimentaire – réévaluation

La justice est souvent fort lente. Les citoyens en subissent les conséquences.

M. Justin, divorcé, verse pour sa fille une pension alimentaire dont le montant a été fixé par le tribunal lors du jugement de divorce. Suite à un accident de vie, M. Justin doit changer d'emploi, avec pour conséquence majeure une forte diminution de salaire. Contraint de s'endetter pour continuer de payer la pension alimentaire, il exerce un recours en justice afin d'obtenir un réexamen de sa situation et une baisse du montant de la pension à verser à son enfant. Les semaines et les mois passent... Comme chacun sait, la justice est débordée – tous les médias s'en font l'écho –, mais ce que nous mesurons moins, ce sont les conséquences de ce qu'il convient d'appeler le « mauvais fonctionnement de la justice ». M. Justin, acculé par des dettes croissantes, perd le sommeil et devient de plus en plus irritable avec ses collègues et ses amis. En bref, il plonge...

Sur les conseils de sa sœur, il consulte le délégué du Médiateur pour lui exposer la situation dangereuse dans laquelle le place l'attente de cette décision de justice. Si le Médiateur de la République ne peut pas interférer dans le cours de la justice, il peut en revanche alerter la juridiction sur la situation très particulière d'un réclamant. De fait, après un courrier adressé par le Médiateur de la République au premier président de la cour d'appel, l'arrêt tant attendu permettant à M. Justin de souffler un peu a été « rapidement » rendu.

Le commentaire du Médiateur

La lenteur des procédures intervient fréquemment comme un facteur aggravant de situations déjà douloureuses. Nous devons réfléchir aux moyens à mettre en place pour raccourcir le délai de traitement des affaires dans nos juridictions. Cette mesure demandera probablement un budget conséquent, mais n'oublions pas que la justice constitue un pilier de notre République, le garant de notre cohésion sociale. D'autre part, la France a déjà été condamnée par le Cour européenne des droits de l'homme du fait de la lenteur de sa justice. En juillet 1999, par exemple, dans l'affaire Selmouni, la CEDH a estimé que la France violait l'article 6 de la Convention européenne des droits de l'homme, qui impose la tenue d'un procès équitable dans un délai raisonnable. Le « délai raisonnable » étant évalué en fonction de la complexité de l'affaire, du comportement des parties en présence et du rôle des autorités.

Lorsque la lenteur de la justice a des conséquences trop dramatiques, il est primordial de ne pas rester seul. Adresser des courriers aux présidents des tribunaux, aux bâtonniers des ordres d'avocats peut permettre de débloquer les situations les plus urgentes. Le Médiateur de la République a aussi un rôle majeur à jouer, tant en matière de résolution d'affaires que dans le domaine des réformes.

73. Permis de conduire... non communautaire

Comment perdre son permis de conduire en Europe – Mode d'emploi

Mme Libourne a vécu plusieurs années en Allemagne avant de déménager en Suisse pour suivre Olivier, son mari. Titulaire d'un permis de conduire délivré par les autorités allemandes, elle demande dès son arrivée en République helvétique un permis suisse, qui lui est immédiatement accordé. Quelques années s'écoulent puis, à la suite du nouveau changement d'affectation professionnelle d'Olivier, le couple revient vivre en France. Les mois passent. La nouvelle régularisation des papiers ne paraît pas prioritaire : le terme de « frontières » est devenu ringard et, étant donné la fréquence de ses déplacements au cœur du continent européen pour raisons professionnelles, Mme Libourne compte sur la mansuétude des agents publics. Mais lorsqu'elle se décide enfin à demander l'échange de son permis de conduire suisse, elle se voit opposer une fin de non-recevoir. La Suisse ne faisant pas institutionnellement partie de l'Union européenne, le délai d'échange des permis non communautaires est limité à un an, et en l'occurrence... il est dépassé.

Le Médiateur de la République ne pourra malheureusement plus intervenir. « Nul n'est censé ignorer la loi... »

Le commentaire du Médiateur

Le délai d'un an n'est pas excessivement court. Encore faut-il que les citoyens soient informés de cette réglementation.

Remettre en cause les dispositions législatives ne relève pas de la mission du Médiateur de la République. Mais il lui revient de limiter les conséquences les plus dommageables liées à la réglementation. Les préfectures doivent faire preuve d'une plus grande souplesse dans l'appréciation de ce type d'affaires. Certes, la bonne foi ne peut pas toujours l'emporter sur l'application du droit. Mais comment admettre qu'un permis de conduire ne soit pas échangé parce que le délai est dépassé ?

74. Permis de conduire – Algérie

Repassera, repassera pas... le permis.

En mai 2004, à la suite d'un contrôle de police, les agents invitent Mme Sahoui, une ressortissante française titulaire d'un permis de conduire délivré en Algérie en 1959, à demander l'échange de ce document contre un permis de conduire français. Elle se rend donc à la préfecture début juin. La procédure paraît d'une simplicité enfantine. Pourtant, sa demande est rejetée au motif qu'elle aurait dû effectuer cette démarche dans les cinq ans suivant l'accession de l'Algérie à l'indépendance, soit avant le 1er juillet 1967. Elle doit donc, pour pouvoir conduire sur le territoire français, repasser l'examen ! Seule concession empreinte d'une grande lucidité, Mme Sahoui est dispensée de suivre les vingt heures de formation obligatoires...

Pour sortir de cette situation absurde, le Médiateur de la République s'est trouvé dans l'obligation de rappeler aux services préfectoraux qu'un permis de conduire délivré avant l'accession à l'indépendance de l'Algérie, donc remis par les autorités françaises, demeure toujours valide. Il est donc susceptible d'être échangé à tout moment contre un permis de conduire français. Et c'est ainsi que Mme Sahoui échappa à l'examinateur de l'auto-école...

Le commentaire du Médiateur

Rappeler des dispositions aussi évidentes peut paraître aberrant. Pourtant, il s'agit d'une mission quotidienne du Médiateur de la République. Sans défense, cette citoyenne aurait été contrainte de repasser son permis de conduire, avec tous les frais et toutes les contraintes que cet examen engendre. De nombreux conflits naissent d'une mauvaise interprétation du droit concernant des citoyens issus d'anciennes colonies françaises. Une clarification juridique mériterait d'être établie en direction des services déconcentrés de l'État.

75. Permis de construire – retrait illégal

Un permis de construire accordé... puis retiré

M. et Mme Dejou ont repéré le terrain de leurs rêves. Titulaires d'une promesse de vente, ils font une demande de permis de construire qui leur est accordée. Une fois ce sésame en poche, ils signent l'acte d'acquisition définitif de leur terrain. Mais quelques jours après, c'est la catastrophe ! La mairie leur notifie le retrait du permis de construire car il était... illégal. M. et Mme Dejou n'ont pas d'autre choix que de renoncer à leur projet immobilier. Mais que faire du terrain ? L'administration ne sait pas. Et ce n'est de toute façon pas son problème.

M. et Mme Dejou saisissent alors le Médiateur de la République. Le préjudice financier ne fait aucun doute. En effet, le jeune couple n'a confirmé l'achat de ce terrain qu'après avoir reçu l'autorisation du permis de construire. D'autre part, la faute de l'administration est évidente, puisque le permis de construire initialement délivré s'est révélé effectivement illégal. Si M. et Mme Dejou engageaient la responsabilité de la mairie devant une juridiction administrative, ils auraient automatiquement gain de cause.

Ces arguments portés par le Médiateur de la République ont incité la mairie à réexaminer le permis de construire. En se livrant à une fouille rigoureuse des textes, les collaborateurs ont fini par dénicher une dérogation résultant du code rural. M. et Mme Dejou ont donc finalement pu faire construire leur maison. Se tromper, c'est... permis.

Le commentaire du Médiateur

Pourquoi la mairie qui a commis une erreur est-elle incapable de rechercher elle-même une issue à ce conflit ?

Lorsque aucune solution amiable ne peut être trouvée, les citoyens peuvent porter plainte devant la juridiction administrative pour faire reconnaître l'erreur de l'administration et être indemnisés. Cette procédure est longue et complexe. Et l'idée même d'un procès décourage souvent les plaignants les plus légitimes. Le Médiateur de la République joue dans ce type de cas un rôle déterminant de « conciliateur ». Mais il serait également judicieux de proposer des formations aux élus locaux pour les sensibiliser à l'idée même de responsabilité. Car dans un contexte de décentralisation croissant, les erreurs risquent de se multiplier. Et en aucun cas, les victimes ne doivent en supporter les conséquences.

76. Procès-verbal – usurpation d'identité

Devons-nous assumer les conséquences des contraventions commises en notre nom ?

Petite histoire édifiante. Mme Delecour reçoit chez elle un procès-verbal de contravention pour absence de titre de transport dans un bus. Problème : Mme Delecour ne prend jamais le bus. Elle nie donc catégoriquement les faits. La lecture du procès-verbal confirme d'ailleurs rapidement la version d'une usurpation d'identité. En effet, la personne appréhendée dans le bus n'a présenté aucune pièce d'identité. N'importe qui a donc pu donner le nom et l'adresse de la jeune femme. Le procès-verbal indique d'ailleurs une date de naissance inexacte ! Mme Delecour adresse un courrier à la société gestionnaire du réseau des transports en commun concernée. Celle-ci répond de manière particulièrement sibylline : les données figurant sur le procès-verbal font foi « jusqu'à preuve contraire ». Mais comment Mme Delecour peut-elle prouver qu'elle n'a pas pris ce bus ? La société lui commande par ailleurs de régler cette amende dans les plus brefs délais, sous peine de majoration.

Désemparée devant cette situation absurde, Mme Delecour s'adresse au délégué du Médiateur de la République. Celui-ci rappelle à la société de transport que, selon les termes du code de procédure pénale, un procès-verbal ne fait foi, jusqu'à preuve contraire, que lorsque le contrevenant a fourni des pièces de nature à justifier son identité. Si cette disposition pénale, qui relève du simple bon sens, n'était plus respectée, des personnes innocentes dont l'identité aurait été usurpée se retrouveraient dans des situations inextricables. Grâce à l'intervention du délégué du Médiateur de la République, le procès-verbal de Mme Delecour a été classé sans suite.

Le commentaire du Médiateur

Cette affaire aurait pu être réglée beaucoup plus tôt grâce au simple bon sens. Il est regrettable que des entreprises publiques ignorent à ce point les règles fondamentales du droit. Poussé à l'extrême, ce raisonnement permettrait de recouvrer des paiements d'amendes dressées contre n'importe lequel d'entre nous. Il suffirait de prendre les transports sans titre valable et de donner au contrôleur l'identité d'un voisin !

Les citoyens doivent se montrer particulièrement attentifs aux cas d'usurpation d'identité... surtout en l'absence de présentation de documents officiels. Et, répétons-le une fois encore, ils ne doivent ne pas se laisser intimider.

77. Raccordement au réseau d'eau potable

Un remboursement consenti après quatre ans

M. et Mme Pianelli font construire une maison en juillet 2001. Par manque d'information, ils commandent directement eux-mêmes à la Compagnie générale des eaux (CGE) les travaux nécessaires au raccordement de leur habitation au réseau d'eau potable. Ils paient la facture de ces travaux, pour un montant de 4 004,48 €. Après, et seulement après, ils en demandent le remboursement au maire du village et au président du syndicat intercommunal des eaux. Le président du syndicat des eaux se déclare prêt à étudier la possibilité du remboursement des travaux qui auraient effectivement dû lui incomber. Les semaines passent..., puis les mois..., puis les années.

Trois ans plus tard, n'ayant toujours pas été remboursés, M. et Mme Pianelli saisissent le Médiateur de la République, qui contacte à son tour le syndicat des eaux. Ce dernier confirme le droit du couple au remboursement. Malheureusement, le règlement ne peut être effectué immédiatement, dans la mesure où une demande de subvention est en cours d'examen auprès du conseil général. Chère et longue subvention... La réponse favorable est finalement intervenue il y a quelques mois, en mars 2005. Grâce à la persévérance du Médiateur de la République, M. et Mme Pianelli ont enfin pu bénéficier d'un remboursement de 3 117,09 € correspondant aux travaux « de terrassement et de canalisation ».

Lorsqu'un particulier contracte une dette auprès d'une administration, peut-il, lui aussi, la faire patienter pendant quatre ans sous prétexte d'une demande de financement en attente de réponse ?

Le commentaire du Médiateur

Ce cas illustre une fois de plus la difficulté pour l'administration de traiter simplement les conséquences d'une mauvaise information.

D'autre part, quelle que soit la situation économique de ce couple, la somme à recouvrer est importante. Il est donc extrêmement léger de « s'abriter » derrière le retard pris dans le versement d'une subvention. Toutes les collectivités publiques doivent assumer leurs responsabilités et verser les indemnités en temps et en heure. Imagine-t-on une entreprise différer le paiement d'une taxe professionnelle dans l'attente, par exemple, de toucher le chèque d'un de ses clients ?

78. Reconstitution de carrière

Reconversion... ou démission ?

M. Laurent est surveillant principal dans un centre pénitentiaire. Comme pour toute fonction exercée dans l'administration, les conditions d'avancement ainsi que le calcul de l'ancienneté dépendent de la gestion scrupuleuse de la carrière de chaque agent. Or, M. Laurent ne parvient pas à faire valider ses services d'élève surveillant puis de surveillant stagiaire, effectués entre septembre 1980 et décembre 1981.

En effet, à cette période, M. Laurent travaillait déjà dans l'administration, en qualité d'ouvrier professionnel des travaux publics d'État ; mais il avait décidé de quitter cet emploi pour assurer une reconversion professionnelle en milieu pénitentiaire. Dans la mesure où M. Laurent ne se rendait plus sur les chantiers, il a d'abord été déclaré en position de « disponibilité pour convenances personnelles » ; puis son ancien directeur départemental de l'équipement l'a purement et simplement déclaré « démissionnaire ». Alors que, pendant ce temps, il suivait une formation et prenait ses nouvelles fonctions ! En juillet 1997, M. Laurent demande au directeur départemental de l'équipement responsable de cette bévue de régulariser la situation. Mais, par comble de malchance, le même directeur, manifestement très distrait, se trompe une nouvelle fois ! Un arrêté de décembre 2003 confirme donc que, pendant la période litigieuse, M. Laurent se trouvait en position de détachement – alors qu'il effectuait sa période de scolarité et de stage. Début 2004, M. Laurent demande l'annulation de cet arrêté. La procédure traîne en longueur...

Agacé par l'absence de réponse, M. Laurent saisit le Médiateur de la République. Celui-ci obtient qu'un nouvel arrêté, pris en mars 2004, reconstitue, et cette fois sans erreur, la carrière du surveillant ! Pour ce prisonnier d'une erreur administrative, la détention provisoire de fausses informations avant la libération paraît quand même bien longue...

Le commentaire du Médiateur

Lors de la demande de validation de services, des agents ont la désagréable surprise de constater des erreurs ou des oublis dans la gestion de leur carrière. Ils se trouvent alors confrontés à l'ignorance et à l'inertie fautive de certains gestionnaires. La perte de savoir-faire, la méconnaissance des textes dans les services empêchent la reconstitution de carrière en bonne et due forme.

Parfois, les retours en arrière pour régulariser ces situations anormales s'avèrent impossibles. Les documents de carrière sont introuvables, les textes applicables n'ont pas été conservés. Les recherches deviennent complexes et sont souvent infructueuses.

La gestion des ressources humaines et des carrières est un métier important. Elle exige des compétences juridiques et un savoir-faire rigoureux. Cette fonction doit être considérée comme majeure dans les administrations. Il est urgent de la revaloriser et d'offrir des formations régulières à ceux qui l'exercent.

La qualité de ce travail doit également s'imposer comme un critère majeur d'évaluation du personnel d'encadrement.

79. Redevance audiovisuelle

Quand les formalités administratives deviennent un casse-tête pour les personnes âgées.

Mme Lépine est veuve depuis de nombreuses années. Âgée de soixante-quinze ans, elle vit seule, avec des revenus modestes. En 2003, le centre régional de la redevance audiovisuelle auquel elle est rattachée lui réclame le paiement de deux redevances... pour un seul poste. En 2004, la situation s'aggrave : Mme Lépine découvre qu'elle est titulaire de trois comptes auprès du centre régional de la redevance audiovisuelle. Mais la multiplication des redevances ne coïncide toujours pas avec une multiplication des récepteurs ! Mme Lépine tente d'expliquer qu'elle ne possède qu'une seule télévision, mais ses échanges avec l'administration se mettent à ressembler à un sketch de Fernand Raynaud : « S'il y a trois demandes de redevance, c'est qu'il y a trois télés... »

Désespérant de se faire comprendre, Mme Lépine saisit le Médiateur de la République au début de l'année 2004. Celui-ci fait diligenter une enquête, qui révélera rapidement la source de l'erreur : Mme Lépine a déménagé plusieurs fois au cours des dernières années, et elle a changé de téléviseur en mars 2003. Or, à chacune de ces étapes, Mme Lépine a donné de bonne foi au centre régional de la redevance audiovisuelle et au vendeur de son dernier téléviseur des informations différentes quant à son identité : tantôt son nom de jeune fille, tantôt son nom d'épouse. Ce qui a abouti à l'ouverture de plusieurs comptes différents. L'action du Médiateur de la République a permis de régulariser la situation Mme Lépine, sans « excuses pour l'interruption momentanée des programmes » de vérification.

Le commentaire du Médiateur

Informations erronées, incompréhension, défaut de réponse conduisent à cet imbroglio administratif. Pourtant, le domaine de la réglementation en matière de redevance audiovisuelle paraît relativement simple... Pour éviter ces litiges, il est primordial d'informer les citoyens sur la gestion des événements les plus courants de la vie quotidienne, comme un changement d'adresse par exemple. D'autre part, il serait souhaitable qu'une information claire sur l'identité à fournir dans ce type de démarche – nom d'épouse ou nom de jeune fille – soit jointe à la demande de paiement de la redevance audiovisuelle.

80. Redressement fiscal – fraude fiscale

Toute règle de droit en matière de solidarité fiscale doit-elle s'appliquer lorsque ses effets paraissent manifestement injustes ?

À l'âge de dix-huit ans, Marc Lucas, à la demande de son père, accepte de devenir le gérant d'une société. M. Lucas, un entrepreneur du bâtiment, a sollicité ce service de son fils après avoir été mis en règlement judiciaire. À peine majeur, Marc Lucas ne possède évidemment aucune compétence particulière pour assumer cette fonction, qui sera en réalité exercée par son père. Malheureusement, très vite, la nouvelle société, officiellement gérée par Marc Lucas, est elle aussi placée en liquidation judiciaire. Avant de disparaître. Restent les dettes fiscales, d'un montant de plus de 196 000 €, dont Marc Lucas, gérant de droit, et son père, gérant de fait, sont déclarés solidairement responsables par le tribunal de grande instance.

Comble de malchance, M. Lucas meurt. C'est donc vers son fils, Marc, devenu à cette époque employé communal, que se retourne le Trésor public. Puisque son père a disparu, il remboursera seul la totalité de la dette ! Certes, chacun voit en lui la victime innocente, le jeune adulte qui n'a pas su dire « non » à son père et qui s'est laissé manipuler. Mais dans la mesure où il faut un coupable, ou plus exactement un débiteur, vers qui d'autre que lui se tourner ?

Pendant dix ans, Marc Lucas verse mois après mois 200 €, prélevés sur son modeste salaire, sans le moindre espoir de parvenir un jour à régler sa dette fiscale. En effet, la somme prélevée est inférieure au montant des intérêts légaux engendrés par la dette restant due.

Puis il saisit le Médiateur de la République. Celui-ci dénonce aussitôt l'injustice de cette situation : Marc Lucas n'a jamais eu la volonté de frauder le fisc, et il est par ailleurs prouvé qu'il n'a tiré aucun enrichissement personnel des agissements frauduleux de son père. En outre, la sanction de cette faute non commise se révèle particulièrement lourde, puisque Marc Lucas se retrouve dans l'incapacité de mener une vie sociale normale. L'importance de ses dettes le maintient dans une constante précarité. Choqué par cette iniquité, le Médiateur de la République a obtenu du secrétaire d'État au Budget et à la Réforme budgétaire une remise gracieuse de la totalité de la dette fiscale de Marc.

Le commentaire du Médiateur

Favoriser la création d'entreprise est nécessaire. Malheureusement, le comportement indélicat et irresponsable de ce dirigeant d'entreprise envers son fils se révèle très éloigné des mesures incitatives mises en place par les pouvoirs publics. Dans cette affaire, le fils, gérant de droit, solidairement responsable des dettes fiscales, est victime des agissements frauduleux de son père. Le Médiateur de la République joue ici son rôle de « dernier recours » pour obtenir une mesure exceptionnelle de décharge de responsabilité. Pour ne pas ajouter à un comportement humain désastreux l'intransigeance froide de l'administration.

81. Redressement fiscal – remise gracieuse des pénalités

Quand les citoyens rappellent l'intention du législateur...

M. Chemin, président-directeur général d'une société d'intérim, reçoit en novembre 2002 un redressement fiscal portant sur la cotisation minimale de la taxe professionnelle versée en 2000 et en 2001. M. Chemin ne conteste pas cette réclamation, puisqu'il a délibérément versé une somme inférieure à celle qu'il devait selon les modes de calcul en vigueur.

Ce P-DG a tout simplement voulu signer un acte militant. En effet, il considère que l'imposition actuelle pénalise les entreprises dans lesquelles les charges sociales et fiscales sont principalement relatives aux salaires. Exerçant dans le secteur de l'intérim, où la seule « productivité » repose sur le recrutement de professionnels, il estime être trop imposé.

Il rappelle, à l'appui de son argumentation, la volonté du législateur d'exclure les salaires des bases de l'imposition à la taxe professionnelle, pour ne pas pénaliser l'emploi. Or, les dispositions fiscales n'ont jamais traduit ces engagements.

Ce décryptage gouvernemental, porté par le Médiateur de la République, plaît au directeur du contrôle fiscal concerné qui décide une remise gracieuse de la totalité des pénalités appliquées à M. Chemin. L'histoire ne dit pas si toutes les sociétés d'intérim en ont bénéficié...

Le commentaire du Médiateur

Transcrire dans les textes l'intention du législateur ne se fait pas toujours automatiquement, comme il serait souhaitable. Des contraintes ou des résistances administratives, plus ou moins justifiées, opposent souvent des obstacles regrettables. La volonté exprimée depuis plusieurs années de ne pas pénaliser l'emploi en est un exemple douloureux. En effet, malgré les effets d'annonce, les aménagements législatifs pour calculer la taxe professionnelle des entreprises de main-d'œuvre ont toujours été insuffisants. D'où l'obligation d'apporter des correctifs par la voie gracieuse pour ne pas pénaliser l'emploi. Or, le recours gracieux ne vaut que pour des situations individuelles spécifiquement exposées... Le plus grand nombre ressent donc souvent, et légitimement, une certaine frustration.

82. Remboursement de sommes indues

Comment une personne en situation de grande précarité peut être amenée à rembourser des allocations dépensées pour faire vivre sa famille...

Le 26 janvier 2004, la caisse primaire d'assurance maladie réclame à Mme Lecomte la « modeste » somme de 6 179,88 €. Ces milliers d'euros lui auraient été versés par erreur au titre des indemnités journalières liées à son dernier congé maternité. Mme Lecomte tombe des nues ! En effet, elle s'était rendue à plusieurs reprises auprès des conseillers de la caisse primaire d'assurance maladie pour s'assurer de la légitimité de ses droits.

Non seulement, les collaborateurs de la caisse lui avaient confirmé le versement des indemnités journalières, mais ils lui avaient également conseillé de déposer un dossier à la caisse d'allocations familiales (CAF), pour obtenir une allocation de congé parental ! La jeune femme, qui a suivi scrupuleusement cette procédure, reçoit effectivement de la CAF une somme trimestrielle de 1 528,59 €. Cette aide n'est pas un luxe : le mari de Mme Lecomte est au chômage et le couple élève trois enfants. La famille se trouve donc dans l'impossibilité de rembourser la somme de 6 179,88 €. Cet argent a été dépensé pour assurer les dépenses du quotidien.

Mais la caisse, soucieuse de récupérer des deniers publics injustement versés, n'est pas prête à entendre la douleur de cette mère de famille. Pis, elle dépêche un agent de recouvrement qui se rend au domicile de Mme Lecomte et qui la menace de saisie, dans le cas où elle s'obstinerait à ne pas rembourser. Les enfants de Mme Lecomte vivent très mal cette intrusion. Leurs parents ne sont pas des voleurs !

Pour sortir de cette situation, Mme Lecomte propose que le prochain versement de la CAF, soit 1 528,59 € soit reversé à la CPAM pour solde de tout compte. Le délégué du Médiateur de la République appuie cette demande en insistant sur le fait que cette situation est imputable aux agents de la CPAM. Que le responsable de cette situation fasse appel aux services d'un agent de recouvrement est carrément aberrant... Le 16 mars 2004, le directeur de la caisse primaire accepte d'exonérer Mme Lecomte du paiement de la somme de 4 651,29 €, sous réserve qu'elle rembourse effectivement à la CPAM l'allocation de 1 528,59 € versée par la CAF. Restent à oublier les intimidations de l'agent de recouvrement...

Le commentaire du Médiateur

L'intervention du délégué du Médiateur de la République permet de prendre en compte des situations de famille particulièrement précaires et de ne pas les aggraver par des difficultés financières supplémentaires. Un barème de remboursement devrait être établi à l'échelon national précisant le montant des sommes indûment perçues à rembourser en fonction des revenus. Il pourrait être diffusé dans les organismes sociaux. Mais, dans tous les cas, CPAM et CAF doivent se montrer humaines et éviter de poursuivre des familles en situation de grande vulnérabilité.

83. Responsabilité solidaire des époux en matière fiscale

La solidarité des époux demeure un principe fort en matière de fiscalité. Pour le meilleur et... pour le pire.

M. et Mme Leclerc vivent séparés depuis plusieurs années. M. Leclerc est un agent d'assurances peu scrupuleux, déjà condamné pénalement dans le cadre de son activité professionnelle. Suite à un contrôle fiscal, un redressement est établi, que M. Leclerc conteste immédiatement devant les tribunaux. Mais, afin de garantir son paiement, le trésorier des services fiscaux adresse à... Mme Leclerc une demande de recouvrement de plus de 200 000 € ! C'est son droit le plus strict, au nom d'une disposition souvent méconnue par celles et ceux qui en sont victimes : la responsabilité solidaire des époux en matière fiscale. En effet, tant que le divorce n'a pas été prononcé, chacun des conjoints est tenu de rembourser les dettes engagées par l'autre. Si cette mesure constitue une garantie supplémentaire pour les créanciers, une application trop stricte peut conduire au drame. Comment, par exemple, demander à une femme qui vit avec des revenus modestes de rembourser des sommes importantes pour un homme avec lequel elle ne vit plus ? C'est le cas de Mme Leclerc. La jeune femme ne dispose pas de cette somme. Qu'à cela ne tienne ! Pour protéger les créances de l'État, le trésorier des services fiscaux engage une hypothèque sur un appartement que Mme Leclerc a hérité de ses parents, en indivision avec sa sœur. L'appartement est vendu. Et la part de Mme Leclerc, environ 80 000 €, est immédiatement consignée par le trésorier dans l'attente de la décision du tribunal administratif sur le bien-fondé de l'imposition. Quelques mois plus tard, le tribunal confirme la décision des services fiscaux.

Mme Leclerc adresse alors une demande de décharge en responsabilité solidaire auprès du trésorier payeur général. Séparée de M. Leclerc depuis plusieurs années, elle ignorait tout de ses agissements frauduleux. Sa situation personnelle prouve d'ailleurs qu'elle n'en a tiré aucun bénéfice personnel. À la date des faits, elle était inscrite à l'ANPE et la modestie de ses revenus avait amené sa sœur à lui proposer de l'héberger chez elle dans l'attente de jours meilleurs. Mais le trésorier-payeur général, qui a sans doute fort à faire ou qui craint de complexifier le recouvrement de cette créance, tarde à rendre sa décision.

Grâce à l'intervention du Médiateur de la République, le trésorier-payeur général a accepté que Mme Leclerc soit déchargée de cette responsabilité fiscale solidaire, liée à un mariage conclu pour le meilleur... et surtout pour le pire. Mme Leclerc a récupéré les 80 000 € qui avaient été affectés par le trésorier payeur général au recouvrement de la dette. Mais pour l'appartement, et les souvenirs y afférant, il était trop tard...

Le commentaire du Médiateur

La procédure de décharge en responsabilité solidaire des époux est l'un des thèmes forts développés par le Médiateur de la République dans son rapport d'activité de 2004. Son action vise à apporter une meilleure information aux contribuables afin que cette procédure soit mieux connue. Il est également urgent d'attirer l'attention des comptables publics sur la nécessité d'une application mesurée de la loi fiscale en matière de solidarité entre époux.

La procédure de décharge en responsabilité solidaire des époux reste aujourd'hui un dispositif trop sophistiqué. Elle fait appel à différents domaines de réglementation. En outre, elle doit être mise en œuvre conjointement par plusieurs services administratifs. Cette procédure sera donc difficile à réformer, mais est-ce une raison suffisante pour y renoncer ?

84. Retenue sur allocations

La solidarité reste une valeur fondamentale de notre République... à condition que l'on soit solvable !

M. Andretti et Mme Delor, concubins, sans domicile fixe depuis 1999, obtiennent en août 2003 un logement réservé aux personnes de condition modeste. En octobre 2003, s'étonnant que l'allocation logement ne leur soit pas versée, ils découvrent au prix de démarches maintes fois réitérées que Mme Delor est redevable de la somme de 10 758,94 € au titre de trop-perçus de prestations familiales versées entre 1997 et 2002. Cette dette explique, sans la justifier, la retenue de la totalité des allocations personnelles de Mme Delor, allocation logement et RMI, soit 361,41 € mensuels. Compte tenu de la précarité de leur situation, et pour ne pas remettre en cause une réinsertion encore fragile, le couple demande alors à la caisse d'allocations familiales (CAF) le rétablissement de ces allocations ou, à défaut, un allégement de la retenue.

Ne parvenant pas à obtenir un échéancier, malgré l'aide d'une association chargée de leur accompagnement social, ils s'adressent au délégué du Médiateur de la République. Ce dernier intervient à son tour auprès de la CAF en martelant des informations déjà connues : une fois qu'ils ont payé leur loyer, il reste à M. Andretti et Mme Delor 25 € pour vivre, une somme qui ne leur permet évidemment pas de faire face à d'importants problèmes de santé occasionnés par plusieurs années dans la rue. Le délégué du

Médiateur de la République sollicite donc, à titre exceptionnel, une remise gracieuse de la dette de Mme Delor. La CAF accédera partiellement à cette requête en réduisant à 180 € le montant prélevé mensuellement sur ses allocations.

Le commentaire du Médiateur

Cette situation est inacceptable et déshonorante. Comment l'État peut-il contribuer à précariser des personnes qui ont décidé d'emprunter le chemin, long et chaotique, de la réinsertion ? Ces personnes étaient en outre aidées de professionnels compétents issus du milieu associatif. Et ces derniers n'ont eux-mêmes pas réussi à faire entendre la voix de la raison. Qui peut vivre avec 25 euros par mois ? Ces situations doivent absolument être portées à la connaissance du Médiateur de la République et du ministère concerné, en charge des affaires sociales. Il est impératif de traiter le remboursement de sommes indues avec générosité. Dans des cas comme celui-ci, l'État doit consentir à abandonner sa créance.

85. Retraite – enfant handicapé

Un enfant handicapé doit être reconnu comme tel par la commission départementale de l'éducation spéciale pour l'ouverture de droits.

M. David, qui est né en 1947, souhaite prendre sa retraite à soixante ans pour s'occuper de sa famille et plus particulièrement de Jérôme, son fils handicapé. Il calcule ses droits à la retraite pour s'assurer qu'il lui est possible de mettre un terme à son activité professionnelle sans perte financière. Première surprise : la CRAM dont il dépend refuse de lui accorder une bonification de quatre trimestres. Pourtant, M. David y a droit, pour avoir élevé un enfant handicapé qui vit d'ailleurs toujours au domicile de ses parents. Deuxième surprise : la CRAM ne lui fournit aucune explication sur les raisons de ce refus.

Interpellé, le Médiateur de la République saisit la CRAM afin de l'amener à reconnaître son erreur. Mais la caisse campe sur ses positions et refuse obstinément l'application de la loi du 21 août 2003 portant réforme des retraites et dont M. David réclame la simple application. L'article 33 de la loi Fillon est pourtant parfaitement clair. Il stipule que « les assurés sociaux élevant un enfant ouvrant droit [...] à l'allocation d'éducation spéciale bénéficient [...] d'une majoration de leur durée d'assurance d'un trimestre par période d'éducation de trente mois dans la limite de huit trimestres ». Pourquoi, dès lors, refuser cette disposition à M. David ? La réponse administrative, quant à elle, est claire : la commission départementale de l'éducation spéciale n'a pas rendu de décision concernant le statut de Jérôme. Autrement dit, le jeune handicapé doit recevoir le « sceau » de l'administration pour que ceux qui ont passé une partie de leur existence à prendre soin de lui se voient reconnaître quelques droits. En premier lieu, le droit de s'arrêter de travailler à soixante ans...

L'intervention du Médiateur de la République a finalement permis d'accélérer cette reconnaissance « administrative ». Et M. David a pu bénéficier d'une retraite pleine et entière. Ces complications quotidiennes ne doivent toutefois pas nous faire oublier que, en ce même an 2003, la France fêtait dignement l'année européenne du handicap. Il y fut beaucoup question de générosité et d'attention à l'autre...

Le commentaire du Médiateur

Ce cas douloureux soulève des interrogations concernant les effets de la loi du 21 août 2003 portant réforme des retraites. Comment refuser la bonification de quatre trimestres – une année – à un homme qui non seulement a travaillé toute sa vie, mais qui, en outre, a pris soin d'élever et de soigner lui-même son enfant handicapé ? Quel aurait été le coût, économique et humain, pour notre collectivité si elle avait pris en charge cet enfant ? Une interprétation législative doit savoir intégrer un peu de compassion, sous peine d'aboutir à des conséquences opposées à l'esprit des lois.

Le Médiateur de la République a attiré l'attention du gouvernement sur les conséquences de la loi du 21 août 2003, que les services s'efforcent actuellement d'évaluer précisément.

86. Retraite – validation d'une période de travail

Comment produire un document impossible à obtenir ?

Mme Fatih a commencé à travailler très jeune. Elle était encore mineure lorsqu'elle a exercé son premier emploi en Algérie, entre 1958 à 1962. Rapatriée à la libération de l'Algérie, elle poursuit sa carrière en France. En 2003, dans la perspective de son départ en retraite, elle sollicite la CRAM afin que soient validées les quatre années de travail accomplies de l'autre côté de la Méditerranée. En parallèle de ces démarches, elle demande l'aide de l'État pour le rachat de ses cotisations, comme le prévoit la loi du 4 décembre 1985 portant amélioration de la retraite des rapatriés.

Mais la caisse se trouve dans l'impossibilité d'examiner la demande de Mme Fatih, pour une question de procédure. En effet, les textes, dont la portée est indiscutable et universelle, obligent la jeune femme à produire une attestation personnelle. Or, Mme Fatih, mineure au moment où elle a quitté l'Algérie, n'a pu fournir que l'attestation de sa mère. Nul ne conteste que, en 1962, le service central des rapatriés refusait de délivrer une attestation personnelle à un mineur accompagné de ses parents... Mais si les textes exigent la présentation d'un « document impossible à obtenir », le citoyen doit produire le « document impossible à obtenir ». C'est la loi.

Saisi par Mme Fatih, le Médiateur de la République réussira à obtenir de l'Agence nationale pour l'indemnisation des Français d'outre-mer (ANIFOM) l'attestation individuelle tant attendue. Le début de l'instruction du dossier de Mme Fatih pourra donc commencer après des mois de complications et de retard.

« Un navire est en mer, il est parti d'Alger chargé de coton, il jauge deux cents tonneaux, il fait voile vers Marseille, le grand mât est cassé, il y a un mousse sur le gaillard d'avant, les passagers sont au nombre de douze, le vent souffle NNE, l'horloge marque trois heures un quart de l'après-midi, on est au mois de mai... On demande l'âge du capitaine... »

Le commentaire du Médiateur

Une fois encore, le serpent se mord la queue ! Un droit, légitime, se trouve conditionné par la production d'un document qui n'existe pas. L'administration mesure-t-elle toujours les conséquences de ses exigences ? La seule mention de la minorité de la personne au moment où elle a quitté l'Algérie aurait dû l'exempter de la production d'une attestation personnelle. Une fois de plus, les circonstances historiques desservent ceux qui en ont été au mieux les spectateurs involontaires, au pire les victimes innocentes...

87. Retraite – validation des périodes de chômage

Calcul de la retraite : gare au chômage...

M. Pierre est en litige avec la caisse régionale d'assurance maladie (CRAM) et avec la caisse de mutualité sociale agricole (CMSA). En effet, toutes deux refusent de prendre en compte sa dernière période de chômage, entre 1995 et 2003, pour le calcul de ses droits à la retraite.

Un bref rappel s'impose. Entre 1959 et 1987, M. Pierre, qui exerçait une activité salariée, relevait du régime général. Licencié en 1987 pour motif économique, il est pris en charge au titre de l'indemnisation du chômage. Jusqu'ici, la logique est respectée... En 1992, M. Pierre reprend une exploitation agricole, sur laquelle il travaille jusqu'au 30 juin 1995. À cette date, de nouveau sans travail, il se réinscrit sur la liste des demandeurs d'emploi. Compte tenu de l'extrême précarité de sa situation, il sollicite et obtient au mois d'août de la même année l'allocation de solidarité spécifique (ASS). Cette aide lui sera versée jusqu'en 2003.

Fin de la leçon d'histoire, début de la leçon de calcul...

Le relevé du compte d'assuré social de M. Pierre fait état de quatorze trimestres validés par le régime agricole et de cent trente-deux trimestres validés par le régime général. Mais les deux organismes, CRAM et CMSA, refusent obstinément de retenir sa dernière période de chômage indemnisé. En effet, le dernier emploi exercé par M. Pierre avant ce nouveau coup d'arrêt, en 1995, était une activité non salariée relevant du régime agricole. Or, pour qu'une période de chômage soit validée, il faut nécessairement avoir été préalablement à cette période assuré du régime général des salariés.

M. Pierre a saisi les commissions de recours amiable de la CRAM et de la CMSA. Mais toutes deux ont confirmé ces décisions. Il a alors fait appel au Médiateur de la République. Sur le plan du droit, les caisses ont fait une juste application de la réglementation. Mais sur le plan humain ? Malheureusement, la CRAM et la CMSA sont restées cantonnées dans leur refus de valider, même à titre exceptionnel, les périodes de chômage en cause. En dernier recours, M. Pierre a porté l'affaire devant le tribunal des affaires de la Sécurité sociale (TASS). Échec là encore.

À supposer que ces dispositions permettent d'alléger le montant des retraites, sont-elles réellement défendables ?

Le commentaire du Médiateur

Ce type de cas sera de plus en plus fréquent. Les parcours professionnels linéaires se raréfient, et il devient de plus en plus rare d'exercer l'ensemble de sa carrière chez le même employeur. De plus, les retraites soulèveront des difficultés toujours plus complexes. La conjonction de ces deux facteurs impose que la législation s'adapte à la prise en compte des nouvelles mobilités professionnelles. Une clarification urgente s'impose. Aucune période de vie, qu'elle soit caractérisée par une activité professionnelle ou par un temps de chômage, ne doit être écartée au moment de calculer la retraite d'un citoyen.

88. Retraite complémentaire – refus de versement

Comment une erreur administrative peut empêcher le versement d'une retraite complémentaire...

Arrivé à la retraite, M. Daniel, un ex-ouvrier agricole, ne parvient pas à percevoir la retraite complémentaire qui non seulement, lui est due, mais qui lui est absolument nécessaire pour vivre, compte tenu de sa maigre retraite agricole. L'organisme lui oppose un argument pour le moins insolite : son numéro de Sécurité sociale est le même que celui d'un autre salarié. En conséquence, la retraite ne peut pas être versée. Voilà qui est frappé au coin du bon sens : au revoir, monsieur, bonne retraite !

Démuni, ne sachant ni lire ni écrire, M. Daniel contacte le délégué du Médiateur de la République qui, après être intervenu auprès de la caisse primaire d'assurance maladie (CPAM) et de la caisse complémentaire, lui permet d'être rétabli dans ses droits.

Le commentaire du Médiateur

Comment peut-on faire preuve d'une telle irresponsabilité dans le traitement d'un dossier ? La caisse de retraite complémentaire, suite à une erreur de saisie informatique, attribue deux numéros identiques à deux personnes différentes. Elle devrait donc en toute logique reconnaître son erreur. Mais sa seule réponse consiste à rejeter la seconde demande de versement de retraite. La victime illettrée a fort heureusement eu l'idée de saisir l'un de nos délégués pour faire reconnaître ses droits. Mais le passage par la case Médiateur de la République pour un cas comme celui-là, n'en reste pas moins aberrant.

89. Retraite complémentaire – non-versement des cotisations par l'employeur

Sanctionnée suite à la négligence ou la fraude d'un employeur.

Mme Sarre obtient en janvier 2002 la liquidation de ses droits à pension de retraite. Mais lorsqu'elle dépose son dossier auprès de sa caisse de retraite complémentaire, elle a la désagréable surprise de constater que la période de travail effectuée entre le 11 juin et le 31 décembre 1997 dans une société niçoise n'a pas été prise en compte. Motif : l'employeur n'a pas versé les cotisations correspondantes. Or, ces montants ont bel et bien été déduits des salaires de Mme Sarre !

S'estimant doublement lésée, elle saisit le conseil des prud'hommes le 2 juin 2004, afin que la société soit contrainte de régulariser la situation. Deuxième surprise, tout aussi désagréable que la précédente : le conseil des prud'hommes déboute Mme Sarre de sa requête. Dans l'intervalle, Mme Sarre a demandé à la CRAM concernée de lui remettre un relevé de carrière afin qu'elle puisse l'adresser à sa caisse de retraite complémentaire. Ce document est destiné à prouver qu'elle était effectivement en activité lors des deux trimestres en cause qui n'ont pas été pris en compte. Mais la CRAM ne répond pas...

Seule l'intervention du Médiateur de la République auprès de la caisse de retraite complémentaire permettra de prendre en considération la période litigieuse et de réviser enfin le montant de la pension de retraite de Mme Sarre. C'est ce qui s'appelle une retraite bien méritée !

Le commentaire du Médiateur

Notre intervention a permis un juste rétablissement de l'intéressée dans ses droits. Face à un cas comme celui-là, nous devons réfléchir à la responsabilité de ceux qui, par leur faute, mettent en péril l'avenir des salariés. Ces comportements coupables ne doivent pas rester impunis. Des sanctions doivent être définies au niveau législatif et se révéler suffisamment dissuasives pour décourager la répétition de ces conduites inacceptables. D'autre part, le simple constat de la bonne foi du salarié – le montant des cotisations a été déduit du salaire – aurait dû plaider en sa faveur, sans nécessiter le concours d'un tiers.

90. RMI – interruption des droits

Après la précarité... la grande précarité

Mme Monot, divorcée, sans emploi, avec deux enfants à charge dont un mineur, cesse du jour au lendemain de percevoir le revenu minimum d'insertion (RMI). La caisse d'allocations familiales (CAF) a pris cette décision suite à une convocation à laquelle Mme Monot n'a pas répondu. Or, si Mme Monot ne s'est pas rendue dans les locaux de la CAF, c'est que son état de santé ne le lui permettait pas. Mme Monot pourrait expliquer, justifier, remplir de nouveaux dossiers, déposer de nouveaux formulaires, mais elle n'en a plus la force. Elle est brisée. Sans travail, sans ressources, comment assurer l'avenir de ses enfants ? Comment survivre ?

Très seule, elle confie sa détresse à la greffière en chef de la maison de la justice et du droit près de laquelle elle habite. Alertée par l'effondrement moral de sa voisine, la greffière appelle le délégué du Médiateur de la République qui prend aussitôt contact, par téléphone, avec son correspondant au service des prestations de la caisse. Le délégué du Médiateur de la République obtient que le contrôle prévu, mais non encore programmé, au domicile de Mme Monot, soit fixé au lendemain 23 décembre, afin que ses droits puissent être rétablis au plus vite. Sauf à considérer que chaque RMIste peut vivre de ses rentes... Suite à ce contrôle, Mme Monot se voit remettre, le 24 décembre, dans les services de la CAF, un chèque correspondant à ses droits au RMI et au rappel des prestations non versées.

Si la greffière et le délégué du Médiateur de la République n'avaient pas agi, par quel « drame du chômage » se serait conclue cette période de fêtes ?

Le commentaire du Médiateur

La rapidité avec laquelle certaines personnes tombent dans la précarité doit nous alerter. Derrière tous ceux que nous croisons dans la rue et qui nous demandent quelques euros pour survivre se cachent souvent des histoires tragiques de renoncement. La lourdeur administrative, l'automaticité de certains rejets s'ajoutent régulièrement à des accidents de vie, provoquant la chute dans le dénuement le plus total. Combien de fois devrons-nous répéter que chaque histoire est particulière pour avoir, un jour, une chance de nous faire entendre ?

91. Scolarisation – mesure dérogatoire

Les caprices de l'inspection.

Le jeune Daniel, âgé de douze ans, est un enfant dit « inadapté » dont la scolarité s'est déroulée jusque-là en classe d'intégration, dans l'école primaire de son village du sud de la France. Ses parents souhaitent qu'il puisse effectuer une dernière année scolaire dans les mêmes conditions pour préparer son entrée, l'année suivante, dans un établissement spécialisé. Ils ont d'ailleurs obtenu l'accord de l'équipe enseignante locale, ainsi que le soutien du maire de la commune. Contre toute attente, les services de l'inspection nationale en décident pourtant autrement, proposant aux intéressés l'inscription de leur fils dans un institut médico éducatif (IME). Pourquoi ? Sur quels critères ? Le mystère reste entier... Durant les deux mois de l'été 2004, des discussions opposent les parents, soutenus par les instituteurs et l'équipe municipale, à l'inspection nationale.

Aucune issue ne se dessinant, les parents de Daniel saisissent le délégué du Médiateur de la République dès les premiers jours de septembre. Au terme de longues discussions, la médiation aboutira et le jeune Daniel sera finalement autorisé à rester un an de plus dans l'école du village.

Au nom de quelles valeurs les services de l'inspection nationale décident-ils d'aller à l'encontre du désir des parents d'un enfant scolarisé, alors que ces derniers sont soutenus à la fois par l'équipe enseignante et par le maire de la commune ?

Le commentaire du Médiateur

Il est inadmissible que l'inspection nationale se prononce contre la volonté de ceux qui vivent quotidiennement aux côtés d'un enfant souffrant de handicap. Quels critères peuvent justifier une décision unilatérale, manifestement prise en dépit du bon sens ? Amener l'administration à se montrer sensible aux réalités de terrain : voilà qui reste plus que jamais d'actualité...

92. SNCF – bagage perdu

Un contrôleur égare un bagage, la SNCF refuse le remboursement.

M. et Mme Requi réservent cinq places de train pour un trajet de Modane à Lille, le 15 juillet 2003. Afin de voyager confortablement, ils ont même pris le soin de réserver une place pour leur bébé. Malheureusement, une rame de TGV est supprimée en gare de Lyon, celle dans laquelle la famille devait voyager. Le voyage se passe dans des conditions très pénibles : les vacanciers, très nombreux à cette période de l'année, s'entassent dans la rame avec des bagages souvent volumineux. À la gare de Roissy, pour permettre aux voyageurs arrivés à destination de sortir du train, le contrôleur descend sur le quai un certain nombre de bagages entravant la sortie. Et c'est lors de cet arrêt en gare de Roissy qu'un des sacs de voyage de M. et Mme Requi, qui contenait notamment un lit pliant pour bébé, est perdu.

Dès son arrivée à Lille, le couple saisit le service clientèle régional de la SNCF. Ce dernier leur adresse 70 € en bons voyage, soit 50 % du prix des billets, tout en refusant le remboursement des objets disparus. Pour justifier sa position, le service clientèle s'abrite derrière une disposition selon laquelle les bagages à main et effets personnels du voyageur ne font l'objet d'aucun contrat de transport. D'autre part, précisent les responsables de ce service, des autocollants apposés en bout de voiture rappellent les précautions à prendre lors du dépôt des bagages... conditions exceptionnelles ou pas !

Saisi du dossier, le Médiateur de la République se met en contact avec son homologue, le médiateur de la SNCF, qui obtient un accord de principe pour une indemnisation. Le service clientèle de Lille acceptera finalement de verser à M. et Mme Requi la somme de 577,25 € en bons voyage, soit 457,30 € pour le bagage perdu et 49,95 € pour le lit pliant, les 70 € restants correspondant au montant des bons voyage remis initialement.

Le commentaire du Médiateur

L'application d'un « barème » provoque souvent des conséquences injustes que les entreprises publiques en général, et la SNCF dans ce cas, ont trop tendance à négliger. Par exemple, tous les passagers d'un train qui arrive à destination avec deux heures de retard seront indemnisés de la même manière. Pourtant, ce retard a forcément des effets différents : le touriste ne subira qu'un léger désagrément... Mais en sera-t-il de même pour l'étudiant qui arrive en retard à un examen, ou pour le chômeur qui rate un entretien d'embauche ? Pour faire reconnaître un préjudice particulier, les citoyens ne doivent pas hésiter à saisir les médiateurs présents dans les entreprises publiques. Leur existence est trop souvent méconnue. Il serait souhaitable qu'elle soit signalée au plus grand nombre, par voie d'affichage dans les lieux publics concernés, par exemple.

93. Taxe d'habitation – majoration

De la difficulté de faire reconnaître une erreur dans une déclaration de revenus...

En 2002, Mme Maury héberge pendant quelques mois Mme Catteau, sa belle-sœur, qui vient d'acquérir dans un autre département une résidence principale actuellement en travaux. Or, en remplissant sa déclaration de revenus pour 2002, Mme Catteau se trompe de cadre pour signaler son déménagement. Si bien que l'administration fiscale pense qu'elle vit sous le même toit que Mme Maury... Dès lors, les services fiscaux cumulent les revenus des deux foyers et majorent la taxe d'habitation de Mme Maury de plus de 700 €. Malgré plusieurs recours intentés par Mme Maury, puis par Mme Catteau, puis par les deux ensemble, et malgré une attestation du maire de la commune où réside Mme Catteau, les services fiscaux refusent le réexamen de la situation fiscale des deux parentes. Pour l'administration, l'erreur n'est, semble-t-il, pas humaine et les déclarations de revenus s'inscrivent dans le marbre...

Seule l'intervention du délégué du Médiateur de la République permettra d'obtenir un dégrèvement total de la majoration imposée à Mme Maury.

Le commentaire du Médiateur

En matière fiscale, il n'existe pas de dossier facile. Une simple erreur de plume commise par un contribuable est très difficile à corriger. Il fallait en effet établir *a posteriori* la réalité de l'erreur déclarative sur la situation d'une personne, plusieurs mois après les faits. Ce type d'affaire exige beaucoup de ténacité, car s'il arrive à l'administration de commettre des erreurs, elle a souvent quelques difficultés à admettre que les administrés puissent également en commettre !

94. Taxes d'urbanisme – mauvaise information des administrés

Information erronée délivrée par les services municipaux : un citoyen pénalisé

En 2002, M. Safran déniche à la campagne le terrain de ses rêves, et il décide d'y faire construire un pavillon. Entre deux offres de prêt immobilier, il choisit un prêt conventionné d'accession à la propriété. Il est certes plus cher, mais M. Safran le préfère car il lui permettra, pense-t-il, de bénéficier d'un taux dégressif de la taxe locale d'équipement (TLE). Il se renseigne auprès des services de la ville chargés de l'urbanisme ; ceux-ci lui remettent, annexé à sa demande de permis de construire, un document indiquant les démarches à suivre pour obtenir le dégrèvement de la taxe locale d'équipement.

Mais quelques mois plus tard, en recevant son avis d'imposition, M. Safran a la désagréable surprise de constater qu'il ne bénéficie pas du dégrèvement attendu. Le service d'urbanisme de la ville lui a donné une information erronée, ignorant visiblement que la nature du prêt n'avait plus d'incidence sur le calcul de la TLE depuis la loi du 13 décembre 2000 relative à la solidarité et au renouvellement urbain !

Le 1er septembre 2003, M. Safran présente un recours gracieux auprès des services de la ville, faisant valoir qu'il n'aurait pas choisi un prêt conventionné s'il avait été correctement informé : ce prêt lui coûte en effet 1 500 € de plus qu'un prêt traditionnel ! Mais le 23 octobre 2003, la commune lui adresse une fin de non-recevoir. Selon une lecture très particulière du droit, l'administration décide donc, après avoir créé un préjudice, de laisser à la victime les bons soins de la réparation...

Saisi du dossier, le Médiateur de la République se tourne aussitôt vers le maire concerné : s'il est vrai que la TLE légalement exigible ne peut être modifiée, rien ne semble s'opposer à une indemnisation du préjudice subi par M. Safran, la commune ayant failli à son devoir d'information. Mais le maire s'obstine... M. Safran a donc déposé un recours en plein contentieux devant la juridiction administrative, afin d'engager la responsabilité pour faute de la commune. La réponse... dans quelques années ?

Le commentaire du Médiateur

En cas de faute de la part d'une collectivité locale, d'une administration ou d'une entreprise publique, les citoyens ont toujours la possibilité d'engager une action devant la juridiction administrative. C'est le dernier recours et le signe, malheureusement, qu'aucune médiation n'a été possible. Dans ce cas précis, les raisons pour lesquelles le maire laisse la situation se détériorer restent mystérieuses... Volonté de gagner du temps ? Litige ancien avec le plaignant ? Difficulté à reconnaître son erreur ? La médiation a aussi ses limites. Et tout le monde y perd.

95. Titre de séjour – renouvellement

Pas de titre de séjour sans emploi... pas d'emploi sans titre de séjour !

Mme Yamani, d'origine marocaine, travaille en France depuis plusieurs mois. Elle bénéficie d'un titre de séjour réservé aux salariés. À la date d'expiration de ce titre, en juillet 2003, elle sollicite le renouvellement du précieux sésame. Mais l'administration se montre tatillonne, car Mme Yamani vient de perdre son emploi. La préfecture semble donc considérer qu'il est temps pour elle de regagner son pays...

Or, comme le fait valoir le Médiateur de la République, le chômage ne constitue pas un motif de non-renouvellement. L'administration joue la montre, se contentant de délivrer à Mme Yamani des récépissés de sa demande, ce qui complique bien évidemment sa recherche d'emploi. Quel employeur prendrait le risque de recruter un collaborateur muni du seul récépissé de demande de carte de séjour ? Les mois passent, mais Mme Yamani ne baisse pas les bras, « même s'il est douloureux de se sentir rejetée, différente ». En septembre 2004, soit plus d'un an après le début des premières démarches, le Médiateur de la République saisit la direction départementale du travail, de l'emploi et de la formation professionnelle, dont dépend Mme Yamani. La DDTE veut bien accepter de réexaminer le dossier. À une condition, toutefois : Mme Yamani doit fournir une promesse d'embauche ou un contrat de travail. Elle satisfera heureusement à cette exigence dans les semaines qui suivront. Mais pour une femme qui s'obstine, combien renoncent, s'installant dans l'irrégularité et vivant d'expédients ?

Le commentaire du Médiateur

« J'attends qu'on se prononce sur le renouvellement de mon permis de séjour, qui dépend de l'obtention de ma carte d'étudiante pour laquelle on me demande mon permis de séjour. » Cette phrase tirée d'un roman de Didier Van Cauwelaert,

L'Éducation d'une fée, résume malheureusement bien les situations auxquelles nous nous trouvons quotidiennement confrontés... Les exigences imposées aux personnes de nationalité étrangère qui souhaitent rester sur notre territoire dépassent bien souvent l'entendement.

Nous ne pouvons pas les décevoir et trahir notre réputation d'hospitalité en leur opposant des arguments auxquels il est humainement et juridiquement impossible d'adhérer. Là encore, chaque histoire personnelle doit être étudiée avec attention et générosité. Il revient au ministre de l'Intérieur de donner les consignes adéquates.

96. Titre de séjour – renouvellement *(bis)*

Le non-renouvellement d'un titre de séjour peut nuire gravement à la santé.

Latifa Touazi, de nationalité algérienne, arrive en France le 29 septembre 2002 avec un visa de long séjour. Elle bénéficie d'un titre de séjour en qualité d'étudiante, valable du 10 octobre 2002 au 9 septembre 2003. Mais par arrêté du 8 avril 2004, le sous-préfet lui refuse le renouvellement de ce titre de séjour. L'annonce est brutale et les conséquences à court terme douloureuses : Latifa doit quitter la France dans les plus brefs délais, et donc interrompre ses études. Mais il y a plus grave : elle doit aussi renoncer à des soins d'une urgence vitale. Latifa, qui souffre d'une insuffisance rénale chronique sévère, est en effet inscrite sur une liste de personnes en attente de transplantation rénale dans un grand hôpital d'Île-de-France. Saisi du dossier, le Médiateur de la République demande au sous-préfet de réexaminer le cas de Latifa Touazi « avec bienveillance ». Un message heureusement entendu...

Le commentaire du Médiateur

La France doit permettre aux personnes de nationalité étrangère de bénéficier de soins, surtout s'ils s'avèrent vitaux. Il s'agit d'un principe intangible. Aucun arrêté d'expulsion ne peut donc être prononcé à l'encontre de ressortissants étrangers ayant besoin de soins auxquels ils ne peuvent avoir accès dans leur pays d'origine. Les textes législatifs et réglementaires qui se sont succédé en la matière n'ont jamais remis en question ce fondement juridique majeur.

97. Titre de séjour – situation familiale

Le droit qui régit le séjour des étrangers en France est fort complexe. Et aboutit à des situations qui pourraient paraître cocasses, si elles ne créaient leur lot de souffrances humaines.

Mme Souhila, ressortissante marocaine, arrive en France en janvier 2000 avec un visa de court séjour. Puis, après l'expiration de celui-ci, elle reste illégalement sur le territoire français. Elle se marie avec un ressortissant algérien, titulaire d'une carte de résident, et de cette union naît une fille en décembre 2001.

Au début de l'année 2000, Mme Souhila a sollicité un titre de séjour qui lui a été refusé en décembre. La procédure, froide et impersonnelle, a suivi son cours : un arrêté préfectoral de reconduite à la frontière a été pris à son encontre en février 2001. Cet arrêté a été annulé en mars 2001 par le tribunal administratif, mais le Conseil d'État a annulé ce jugement, confirmant ainsi la décision préfectorale. Mme Souhila, qui ne pouvait se résoudre à abandonner son mari, a décidé de rester illégalement sur le territoire français.

En mars 2003, elle tente de nouveau sa chance en sollicitant de nouveau un titre de séjour. Dans un courrier d'avril 2003, les services préfectoraux l'informent qu'ils refusent d'examiner sa situation, l'arrêté de reconduite à la frontière n'ayant pas été exécuté. En juillet 2003, c'est une demande de regroupement familial que Mme Souhila dépose pour tenter de trouver une issue à une situation de plus en plus mal vécue. Demande une nouvelle fois rejetée, au motif que celle qui l'a déposée se trouve déjà sur le territoire français.

En désespoir de cause, Mme Souhila saisit le Médiateur de la République. Celui-ci insiste auprès du préfet sur l'insertion réussie de la jeune femme : son mariage, la naissance de sa fille, le fait que son mari a créé une entreprise. Le préfet possédait déjà tous ces éléments d'information, mais formulés par le Médiateur de la République, ils semblent acquérir davantage de portée. Après cette intervention, en effet, Mme Souhila a enfin obtenu une carte de séjour temporaire.

Le commentaire du Médiateur

La question du séjour des étrangers en France est trop souvent traitée sous l'angle de la suspicion et du rejet. Régulièrement, des associations de défense des droits de l'homme, relayées par la presse, sont contraintes de se battre pour empêcher l'expulsion d'un ressortissant étranger qui a bâti sa vie en France. Un mariage, la naissance d'un enfant et une situation économique stable constituent des arguments qui plaident incontestablement en faveur du maintien sur notre territoire.

98. Travaux soumis à autorisation

Volets électriques contre persiennes de bois : un duel municipal

Ou : comment être, malgré une évidente bonne foi, verbalisé, soumis à l'injonction de démolir des travaux similaires à ceux réalisés dans le voisinage, et dans l'obligation de revenir à l'état antérieur d'une façade d'habitation...

Le 10 septembre 2004, M. et Mme Renaud font appel à une entreprise pour établir un devis relatif à la pose de volets électriques sur la maison dont ils sont propriétaires. L'entrepreneur leur assure qu'aucune démarche administrative ne doit être effectuée préalablement à l'exécution de ces travaux. Ce mode de fermeture devient de plus en plus courant dans la ville. D'ailleurs, M. et Mme Renaud auront l'occasion de fournir une liste impressionnante de maisons ayant opté pour les volets électriques.

Mais le 10 décembre 2004, un visiteur inattendu se rend au domicile du couple. Le chef de police de la ville a en effet établi un procès-verbal pour « exécution irrégulière de travaux soumis à autorisation ». M. et Mme Renaud, soucieux de régler le « conflit » naissant à l'amiable, sollicitent aussitôt auprès de la mairie une demande de régularisation. Mais celle-ci est refusée le 14 février 2005 par l'architecte des Bâtiments de France. Selon l'homme de l'art, les volets électriques altèrent « la proportion des ouvertures de la façade » et « la qualité de son architecture ». Pis, ils vont à l'encontre de la volonté de « préserver les vues sur les monuments historiques et la qualité du paysage urbain » à cet endroit. La solution proposée est on ne peut plus radicale. M. et Mme Renaud sont fermement invités à déposer les volets électriques et à rétablir « un volet ou des persiennes de bois, peints d'une couleur claire ».

Arguant de leur bonne foi, ou plus exactement désireux d'en convaincre l'administration, M. et Mme Renaud introduisent devant le maire un recours gracieux et sollicitent un rendez-vous. Mais l'élu de la ville reste sourd à leurs appels...

À ce jour, le Médiateur de la République tente toujours d'entrer en contact avec les défenseurs des « proportions d'ouverture de façade »...

Le commentaire du Médiateur

Il est extrêmement imprudent de faire confiance à un interlocuteur non qualifié pour tout ce qui concerne les démarches administratives. Le principe de précaution doit aussi s'appliquer aux relations entre l'administration et ses citoyens ! Quoi que puissent dire les entrepreneurs locaux, les citoyens doivent systématiquement se renseigner auprès de l'autorité compétente, en l'occurrence le maire. Nous sommes saisis de nombreux conflits dans lesquels interviennent les architectes des Bâtiments de France ; or, ces derniers se montrent souvent particulièrement intransigeants, il faut le savoir...

99. Tutelle

Obtenir la modification d'une mesure de tutelle relève de l'impossible. Motif : justice débordée...

Les parents de Mme Michel, affaiblis par la maladie, bénéficient depuis plusieurs années d'une mesure de protection, mais leur fille est inquiète. Outre le désintérêt que manifeste au couple le tuteur nommé par le juge d'instance, elle se pose quelques questions sur la gestion des comptes. Malgré les apparences, le fonctionnement des tutelles et curatelles n'est pas toujours marqué au coin de la générosité et de la compassion, comme dans les belles histoires...

Or, les dispositions du code civil ne permettent pas aux membres de la famille d'un majeur protégé d'avoir accès aux comptes de gestion pendant la durée de la mesure de protection. Seul le juge des tutelles a cette possibilité (article 470 du code civil). Tout comme il est le seul à pouvoir procéder au changement de tuteur. Mme Michel s'est donc adressée au juge d'instance à plusieurs reprises, mais malgré les signaux d'alerte qu'elle adresse à la justice sur la présomption de malhonnêteté du tuteur, rien ne se passe. Les juges étant débordés, les « incapables » sont invités à patienter, quel que soit le traitement réservé à des personnes particulièrement vulnérables.

Là encore, seule l'intervention du Médiateur de la République a permis de débloquer la situation. Le juge a finalement désigné un autre tuteur, en l'occurrence, une association locale, et il a chargé ses responsables de procéder à une vérification complète des comptes, dont les conclusions devront être portées à la connaissance de Mme Michel.

Le commentaire du Médiateur

Dans les affaires de tutelle, les réclamants se plaignent de l'opacité des comptes et de l'inaccessibilité des dossiers.

Le projet de loi de réforme des tutelles doit être soumis le plus rapidement possible à la représentation nationale. Les moyens des juges d'instance devront augmenter, pour répondre à l'inévitable croissance du nombre des dossiers induite par le vieillissement de la population. La protection judiciaire doit rester une chance pour les personnes vulnérables. Elle ne doit pas se transformer en contrainte, car elle serait alors dévoyée de son objectif premier : maintenir l'égalité et la justice dans notre société.

100. Véhicule – vente

Un duplicata de carte grise injustement refusé

En septembre 1996, M. et Mme Pouget sont victimes d'un grave accident de voiture. Selon l'expertise réalisée par un cabinet agréé par leur compagnie d'assurances, le coût de la remise en état du véhicule s'avère supérieur à sa valeur marchande. M. Pouget décide pourtant de le faire réparer et de prendre à sa charge la partie du coût des travaux dépassant la valeur vénale. Un mois plus tard, le service de la direction de la réglementation de la préfecture informe M. Pouget que, en application de l'article L 27 et L 27-1 du code de la route relatif aux véhicules économiquement irréparables, il a pris la décision d'interdire toute vente ou tout transfert du véhicule de M. Pouget. Le couple pourra toutefois obtenir la levée de cette opposition après avoir présenté un second rapport d'expertise attestant que les réparations touchant à la sécurité ont été effectuées. Cette deuxième expertise a été réalisée, mais malheureusement, elle a été selon toute vraisemblance égarée entre l'expert et la compagnie d'assurances...

Le couple n'y prête pas attention. Entre 1996 et fin 2001, M. Pouget circule normalement et passe avec succès tous les contrôles techniques réglementaires. Et en décembre 2001, c'est le drame : M. Pouget disparaît dans un accident d'avion. Il voyageait avec un certain nombre de documents personnels, notamment ses papiers d'identité et... la carte grise du véhicule. Mme Pouget, qui hérite de la voiture, décide de la vendre fin 2003. Elle demande donc un duplicata de la carte grise auprès de la préfecture de l'Hérault. Les services préfectoraux lui répondent alors dans un courrier de décembre 2003 que le véhicule fait toujours l'objet d'une opposition, car il est considéré comme « économiquement irréparable ». Faisant fi des contrôles techniques, ils lui précisent que seule la présentation d'une seconde expertise pourra lever l'interdiction de vente et de transfert. Mme Pouget se retourne alors vers la compagnie d'assurances qui l'éconduit au motif que le dossier est trop ancien. Le cabinet d'expertise formule la même réponse et refuse de mener la seconde expertise, « une démarche interdite par la profession au regard de l'ancienneté des faits ». Le service des Mines de la DRIRE, sollicité à titre exceptionnel, se déclare également incompétent dans la mesure où le véhicule n'a subi aucune réparation devant être soumise au contrôle du service des Mines.

Seul le Médiateur de la République a pu obtenir des services préfectoraux qu'ils ordonnent la réalisation de cette expertise au cabinet déjà sollicité, aux frais de Mme Pouget. Et une nouvelle carte grise a été enfin délivrée en août 2004...

Le commentaire du Médiateur

Le Médiateur de la République a réussi à obtenir de l'administration ce que refusaient une compagnie d'assurances et un cabinet d'expertise. Cette victoire revêt donc un caractère assez « exceptionnel ». Mais pourquoi les passages de plusieurs contrôles techniques n'ont-ils pas suffi à faire sortir le véhicule de la classification « économiquement irréparable » ? Cette obligation imposée aux automobilistes doit suffire à « qualifier » le véhicule. Il est aussi particulièrement regrettable d'imposer à cette veuve autant de complications après le drame qu'elle a vécu. Comment la « machine » administrative peut-elle à ce point transformer les humains ?

ANNEXES

Faire valoir ses droits auprès de l'administration

La « culture » administrative reste hermétique pour une majorité d'entre nous. Les termes nous sont rarement familiers et les réformes successives pour simplifier les démarches n'ont toujours pas atteint leur but. D'autre part, la complexité croissante de la législation, l'empilement de textes parfois contradictoires, le retard dans la publication des décrets, le manque d'explications, le vocabulaire technocratique représentent pour les citoyens autant de motifs d'impuissance. Ce qui, ajouté au sentiment d'injustice, conduit à la colère.

Enfin, si tout citoyen est censé connaître la loi, il est en droit d'attendre qu'elle soit la même pour tout le monde, et uniformément appliquée. Or, prenons un exemple : comment s'y reconnaître dans les règles régissant la déclaration de travaux ou le permis de construire, quand certaines directions départementales de l'équipement développent des pratiques hétérogènes ? Ici, lorsqu'un aménagement porte sur moins de 2 m^2, aucune autorisation ne doit être demandée ; ailleurs, la DDE exige une déclaration de travaux... Comment savoir ? Comment se défendre ? Et comment le faire à armes égales ?

Chaque citoyen peut ainsi se sentir la « victime » de l'administration. Le rapport de forces nous est d'emblée défavorable. Peu importe notre niveau de culture, notre maîtrise de la langue française, notre compréhension des textes ou notre situation économique : nous sommes tous concernés, même si les plus vulnérables sont évidemment les premiers sanctionnés.

Le Médiateur de la République tente au quotidien de panser les plaies et d'introduire justice et équité dans le traitement de dossiers toujours plus nombreux et toujours plus douloureux. Cette institution bénéficie d'un immense réseau de compétences, d'un maillage exceptionnel d'hommes et de femmes qui viennent, chaque jour, bénévolement, en aide aux citoyens.

« Au-delà des dossiers, nous écoutons les gens », ont-ils coutume d'affirmer. En 2004, le Médiateur a reçu 56 971 dossiers, ce qui représente une progression de 2,4 % par rapport à 2003. Les réclamations individuelles auprès des services centraux ont pour leur part progressé de 15,1 % pour s'établir à 5 778. Mais le chiffre dont ses équipes sont les plus fières est celui-ci : parmi les médiations tentées, 81,2 % ont été couronnées de succès !...

Quelques règles de base

Résoudre un conflit avec l'administration nécessite lors des premières démarches le respect de quelques règles simples, pourtant trop souvent négligées :

➢ Faire une photocopie de tout document envoyé à une administration.

➢ Envoyer toute correspondance par lettre recommandée avec accusé de réception.

➢ Établir une chronologie de l'ensemble du dossier en classant rigoureusement chaque échange avec l'administration.

➢ Privilégier l'écrit dans toute relation avec l'administration, une réponse téléphonique ne possédant aucune valeur juridique.

➢ Enfin et surtout, ne jamais faire « la politique de l'autruche ». L'administration dispose de nombreux moyens pour exécuter ou faire exécuter une décision. Pour éviter une détérioration irréversible d'une situation, il faut agir le plus tôt possible.

Allô service public, une ligne pour faciliter les relations avec l'administration

Opérationnel sur l'ensemble du territoire depuis le mois d'octobre 2004, le 3939, numéro de téléphone unique, permet d'obtenir « en moins de trois minutes une réponse ou une orientation à toute demande de renseignement administratif ». Ce service est accessible de 8 heures à 19 heures tous les jours de la semaine et de 8 heures à 14 heures le samedi, pour un coût de 0,12 € par minute à partir d'un poste fixe.

La charte Marianne, ou les bonnes résolutions de l'administration

La charte Marianne définit cinq engagements :

– un accès plus facile aux services administratifs ;

– un accueil attentif et courtois ;

– une réponse compréhensible aux demandes dans un délai annoncé ;

– une réponse systématique aux réclamations ;

– une écoute pour progresser.

Cette charte s'applique aux services déconcentrés de l'État et aux juridictions. En janvier 2005, plus de 1 650 services affichaient leur déclinaison de la charte. Chaque ministère donne en effet des consignes à ses services, hiérarchisant les principes à adopter ou déclinant des exigences supplémentaires, par exemple en précisant plus ou moins le délai de réponse. Ce texte peut également être adapté au niveau local. En 2005, la charte Marianne devait s'étendre progressivement à la police, à la gendarmerie, à la protection judiciaire de la jeunesse, aux établissements pénitentiaires...

Le recours gracieux ou hiérarchique

Toutes les décisions de l'administration peuvent être contestées, qu'il s'agisse d'une décision prise expressément ou d'un silence. Depuis la loi du 12 avril 2000 relative aux droits des citoyens dans leurs relations avec les administrations, un silence excédant deux mois – c'est le droit commun, il existe bien sûr des cas particuliers [1] – équivaut à une décision de rejet de la demande par l'administration.

Deux types de recours administratifs existent : le ***recours gracieux*** devant l'administration à l'origine de la décision contestée, ou le ***recours hiérarchique*** devant une instance supérieure dont dépend la structure à l'origine de l'action contestée. Dans les deux cas, ce recours doit être introduit dans un délai de ***deux mois*** suivant la notification de l'acte litigieux ou l'expiration du délai de réponse. Cette action suspend le délai de recours aux tribunaux qui est, lui aussi, de deux mois. Lorsque l'administration se prononce défavorablement sur le recours gracieux ou hiérarchique, ou si elle garde le silence, un nouveau délai de deux mois s'ouvre pour une action devant le tribunal administratif.

Les recours gracieux ou hiérarchiques doivent obligatoirement être motivés et adressés par envoi recommandé avec accusé de réception.

Attention : saisir le Médiateur de la République ou l'un de ses délégués n'interrompt pas le délai de recours...

---

1. Dans certains cas, un silence vaut rejet s'il dure quatre mois (par exemple, demande de titre de séjour pour les étrangers) ou six mois (demande d'allocation aux adultes handicapés à une caisse d'allocations familiales). Par ailleurs, en matière d'assurance maladie, lorsque le remboursement de soins est soumis à une entente préalable de la caisse primaire (des séances chez un kinésithérapeute, par exemple), un silence de quinze jours de la part de la Sécu vaut acceptation.

En cas de différend avec la Sécu

En cas de litige administratif avec votre caisse primaire d'assurance maladie, votre caisse d'allocations familiales ou votre caisse d'assurance vieillesse, vous pouvez par courrier saisir la commission de recours amiable de l'organisme concerné, dans un délai de ***deux mois*** à compter du jour de la notification de la décision contestée. La saisine de la commission de recours amiable s'effectue de préférence par lettre recommandée avec accusé de réception.

En cas de silence au-delà d'un mois ou de rejet, vous pouvez saisir le tribunal des affaires de la Sécurité sociale (TASS) dans un délai de deux mois. Ce tribunal est présidé par un magistrat du siège du tribunal de grande instance. Il comprend un assesseur représentant des salariés et un assesseur représentant des employeurs et des travailleurs indépendants. Il existe cent dix TASS en France ; leurs coordonnées peuvent être obtenues auprès des caisses de Sécurité sociale.

Le TASS est saisi par simple requête déposée au secrétariat ou adressée au secrétaire par lettre recommandée. Le plaignant est convoqué à une audience et peut soit se défendre seul, soit se faire représenter par un avocat ou un parent. La décision du tribunal est notifiée quinze jours après. Si le litige porte sur une somme ne dépassant pas 3 800 €, l'ultime recours contre la décision du TASS est la Cour de cassation. Si le litige porte sur une somme supérieure, cette décision peut être contestée en cour d'appel.

Pour de bonnes relations avec le fisc

Le ministère de l'Économie et des Finances a annoncé, en novembre 2004, trente mesures pour passer d'un impôt « accepté » à un impôt « compris ». Parmi celles-ci, la mise en place d'un système de relance amiable des contribuables à l'impôt sur le revenu. À partir de l'automne 2005, les centres des impôts procéderont à une régularisation amiable des déclarations de revenus des contribuables de bonne foi contenant des erreurs. Ces opérations se feront par lettre simple et sans sanction pour le contribuable concerné.

Délais de paiement

L'administration fiscale n'est pas une machine à broyer ! Si vous avez des difficultés financières, plutôt que de laisser pourrir la situation, n'hésitez pas à solliciter un délai de paiement de votre impôt sur le revenu. Cette demande doit être adressée par lettre recommandée avec accusé de réception au directeur de votre centre des impôts et doit être accompagnée de justificatifs attestant de votre situation précaire (chômage, maladie...). Si votre demande est acceptée, vous pourrez retarder le paiement de votre impôt sans subir de majoration de 10 %. Si ce délai vous est refusé (il s'agit en effet d'une faveur que peut accorder l'administration, en aucun cas d'un droit automatique), vous pouvez tenter un recours gracieux auprès du directeur départemental des services fiscaux. Un paiement partiel de votre impôt, prouvant votre bonne foi, peut jouer en votre faveur.

Désaccord

Si vous êtes en désaccord avec votre avis d'imposition, tentez d'abord un rendez-vous avec votre inspecteur des impôts. S'il reconnaît une erreur en votre défaveur, vous bénéficierez d'un avis de dégrèvement dans un délai d'un mois suivant votre visite. Si, au contraire, cette démarche n'aboutit pas, formulez une réclamation écrite au service des impôts dont vous dépendez en joignant une photocopie de votre avis d'imposition ainsi que des pièces qui viennent à l'appui de votre demande.

Cette réclamation ne vous dispense pas de payer votre impôt, tel qu'il a été calculé. À moins que vous ne demandiez un sursis de paiement conjointement à la réclamation, ce qui vous permet alors, pendant que votre demande est examinée, de ne payer que la partie de l'impôt que vous estimez devoir. Si l'administration ne satisfait pas votre demande (en général, dans un délai de six mois), vous disposez d'un délai de deux mois à compter de la notification de rejet pour saisir le tribunal administratif du département où a été établi l'impôt.

Comment contester un PV

Si vous vous estimez injustement verbalisé, ne faites pas l'autruche, réagissez rapidement. Dès réception du PV, vous disposez de *45 jours* pour contester l'amende. Vous devez adresser une requête en exonération auprès de l'officier du ministère public dont l'adresse figure sur le PV (une brigade de gendarmerie, un commissariat de police..). L'envoi, en lettre recommandée avec accusé de réception, devra comprendre : l'original du PV ; les explications précises des faits ; éventuellement un plan, des photos ou des témoignages appuyant votre argumentation. Gardez bien sûr une photocopie de l'ensemble du dossier.

Passé le délai de quarante-cinq jours, un avis d'amende forfaitaire majorée est envoyé. Il pourra être contesté dans un délai de trente jours à compter de la date d'envoi de l'amende forfaitaire majorée. Le dossier et l'original de l'avis devront être adressés, après avoir effectué une photocopie de l'ensemble, en lettre recommandée avec accusé de réception, à l'officier du ministère public mentionnée sur l'avis.

Si les démarches n'aboutissent pas, le plaignant peut demander à passer devant le juge, l'officier du ministère public ne peut vous le refuser. Vous pouvez envoyer une copie complète de votre dossier au président du tribunal de police.

Il arrive parfois que, ayant payé de bonne foi votre amende, vous receviez tout de même une amende forfaitaire majorée. Il vous faut alors vous retourner vers le centre d'encaissement des amendes compétent.

Saisir le Médiateur de la République

Afin de favoriser le règlement à l'amiable des conflits opposant administrations et citoyens, la loi du 3 janvier 1973 a institué un ***Médiateur de la République***. Indépendant de l'administration et du gouvernement, il est nommé par décret en Conseil des ministres pour six ans. Son mandat est irrévocable mais non renouvelable.

Jean-Paul Delevoye exerce cette fonction depuis avril 2004.

À l'origine concentrés à Paris, les services du Médiateur de la République se sont, au fil des années, renforcés d'un réseau de près de ***300 délégations*** réparties sur l'ensemble du territoire. L'existence des délégués a été officiellement consacrée par la loi du 12 avril 2000 relative aux droits des citoyens dans leurs relations avec les administrations. Ces délégués sont des bénévoles, nommés pour un an (renouvelable) par le Médiateur de la République. Ils reçoivent lors de leurs permanences directement les citoyens sur simple demande et les aident d'une part, à s'orienter dans le dédale réglementaire, d'autre part, à résoudre les différends qui les opposent à une administration locale ou un service public local. Si le conflit persiste, ou si le litige concerne une administration nationale, les délégués aident les citoyens à constituer un dossier complet pour saisir le Médiateur de la République.

À quel moment saisir le Médiateur de la République ?

Avant de saisir le Médiateur de la République, il faut d'une part, avoir entrepris des démarches amiables auprès de l'administration avec laquelle il y a litige, et d'autre part, que ces démarches n'aient pas abouti. En revanche, il est possible de saisir le Médiateur de la République et d'engager parallèlement une procédure en justice. C'est même recommandé pour les litiges particulièrement délicats, dans la mesure où le fait de saisir le Médiateur n'interrompt pas les délais de recours devant les tribunaux. On peut aussi le saisir alors qu'une procédure a déjà été engagée devant les tribunaux.

Selon la loi, le Médiateur de la République ne peut intervenir dans une procédure en cours devant une juridiction, ni remettre en cause le bien-fondé d'une décision de justice. Mais il peut intervenir auprès du garde des Sceaux ou de la juridiction concernée s'il y a dysfonctionnement du service public de la justice – par exemple lorsque les délais pour traiter l'affaire sont anormalement longs. Rien n'empêche non plus le Médiateur de la République, même lorsqu'une procédure judiciaire est en cours, de tenter une médiation auprès de l'administration responsable de la décision contestée.

Dans quels litiges le Médiateur peut-il intervenir ?

Le champ d'intervention du Médiateur de la République est large. Il peut intervenir dans les litiges opposant un citoyen (ou, depuis la loi du 6 février 1992, une personne morale : entreprise, association, collectivité publique...) à une administration de l'État, aux services d'une collectivité locale, aux organismes sociaux (assurance maladie, allocations familiales, caisses de retraite, Assedic), aux établissements publics et organismes investis d'une mission de service public pour autant que le litige soit directement lié à une mission de service public (La Poste, la SNCF, France Télécom, les compagnies assurant la distribution des eaux...). Mais il ne traite pas des différends entre personnes privées (conflits de voisinage, conflits entre client et commerçant, conflits familiaux...), entre un agent public en activité et son administration (par exemple sur un problème de statut, de rémunération, de notation, d'affectation...). Ni des litiges impliquant des administrations étrangères.

Comment transmettre sa demande ?

Selon la loi du 3 janvier 1973, la réclamation doit être adressée à ***un député ou à un sénateur*** qui « la transmettent au Médiateur de la République si elle leur paraît entrer dans sa compétence et mériter son intervention ». Le dossier doit comporter un récit clair des faits, ainsi que toutes les pièces pouvant l'étayer (décision de l'administration, document attestant que l'auteur de la réclamation a déjà effectué des démarches auprès de l'administration).

À son arrivée dans les services du Médiateur de la République, il est examiné par le ***service de la recevabilité.*** Celui-ci vérifie notamment que le litige entre bien dans le champ de compétence de l'institution, que le dossier est complet et que le réclamant a bien effectué les démarches préalables.

Si c'est le cas, il l'oriente vers un des ***cinq secteurs d'instruction*** : affaires générales, agents publics/pensions, fiscal, justice et social. Les affaires générales regroupent l'urbanisme, l'environnement, l'aménagement du territoire, les transports, la voirie, les marchés publics, l'agriculture, l'éducation, les services publics communaux et départementaux, les professions réglementées, la circulation routière...

En 2004, près d'un tiers des réclamations soumises au Médiateur de la République l'ont été ***directement***, sans passer par un parlementaire. Dans ce cas, lorsque la demande est jugée recevable sur le fond, les services du Médiateur de la République demandent au citoyen de régulariser la forme de la saisine, en faisant appel à un député ou un sénateur. Mais cette affluence de demandes directes pose le problème de la pertinence du mode de saisine actuel. L'intermédiaire d'un parlementaire doit-il être maintenu ? Ce filtre parlementaire allonge la procédure, alors que les citoyens cherchent une réponse immédiate à une situation souvent délicate. Cette obligation est d'ailleurs atypique dans le paysage international : le médiateur européen peut être saisi directement, et vingt-trois des vingt-cinq États de l'Union européenne ont ouvert une possibilité de saisine directe de leur entité de médiation.

La cellule d'urgence

Une structure de détection et de traitement des réclamations présentant un caractère d'urgence a été mise en place le 1er octobre 2004. Cette cellule traite des situations de grande détresse, sociale et financière : une menace d'expulsion suite à une dette de loyer ; une menace ou une coupure effective d'eau ou d'électricité ; le blocage d'un compte bancaire du fait de l'administration fiscale [1].

La cellule d'urgence s'efforce de s'assurer rapidement de la bonne foi du demandeur. Elle ne se substitue pas aux services sociaux. Elle cherche à détecter si, à l'origine des cas qui lui sont soumis, il n'y a pas un dysfonctionnement administratif (retard dans l'attribution d'une allocation, suspension de versement injustifiée...), une situation de blocage, une incompréhension... Les dossiers sont en général traités en deux jours.

1. Lorsque l'administration fiscale fait usage de la procédure d'avis à tiers détenteur pour récupérer une somme qui lui est due, le compte est bloqué. Le fisc récupère directement la somme qui lui est due et le titulaire du compte doit payer des frais bancaires élevés pour le débloquer.

Le traitement normal d'un dossier

Pour les dossiers qui suivent le circuit « normal », les services du Médiateur procèdent à une analyse rigoureuse des faits et du droit et demandent des explications aux administrations mises en cause. Si la demande semble justifiée, le Médiateur entame un dialogue avec les services concernés afin de trouver une solution amiable. Ces négociations peuvent durer plusieurs mois (le délai moyen de traitement d'un dossier va de ***cinq à huit mois***). Au-delà du droit, la solution proposée par le Médiateur de la République peut s'appuyer sur le bon sens, et surtout l'équité. L'application stricte d'un texte juridique peut en effet dans certains cas avoir des conséquences injustes ; le Médiateur propose alors de trouver un compromis permettant de rétablir ce qui est juste.

Mais attention : les administrations ne sont pas tenues d'appliquer les recommandations du Médiateur de la République. En cas d'échec de la médiation, le citoyen n'a pas d'autre recours que les tribunaux.

Les médiateurs mis en place par les services publics

Depuis quelques années, de nombreux services publics ou à caractère public (La Poste, EDF, l'Éducation nationale, le ministère de l'Économie et des Finances...) ont mis en place des médiateurs internes. Ils n'ont rien à voir avec le Médiateur de la République et dépendent de leurs administrations.

Le Médiateur de la République peut également formuler des propositions de réforme adressées aux pouvoirs publics, lorsque les cas qui lui sont soumis révèlent les conséquences inadaptées ou inéquitables de l'application d'une loi ou d'un texte réglementaire.

Médiateur de la République
7, rue Saint-Florentin
75008 Paris
Tél. : 01 55 35 24 24
www.mediateur-republique.fr

Médiateur d'EDF
22-30, avenue Wagram
TSA 50026
75804 Paris cedex 08
Tél. : 01 40 42 22 22

Médiateur de Gaz de France
TSA 90015
75837 Paris cedex 17
Tél. : 01 47 54 20 20

Médiateur de l'Éducation nationale
110, rue de Grenelle
75357 Paris 07
Tél. : 01 55 55 10 10

Défenseur des enfants
104, boulevard Auguste-Blanqui
75013 Paris
Tél. : 01 53 63 58 51

Médiateur de la Poste
44, boulevard de Vaugirard
CP F407
75757 Paris cedex 15
Tél. : 01 55 44 00 00

Médiateur de la Ville de Paris
9, place de l'Hôtel-de-Ville
Bureau 411
75004 Paris
Tél. : 01 42 76 40 40

Médiateur du ministère de l'Économie,
des Finances et de l'Industrie
Télédoc 215
139, rue de Bercy
75572 Paris Cedex 12
Tél. : 01 40 04 04 04

Médiateur de la Caisse des dépôts
56, rue de Lille
75007 Paris
Tél. : 01 58 50 00 00

Médiateur de la RATP
54, quai de la Rapée
75599 Paris Cedex 12
Tél. : 01 58 78 20 20

Médiateur de la SNCF
66, rue de Rome
75008 Paris
Tél. : 01 53 42 60 00

Médiateur de la Mutuelle sociale agricole
40, rue Jean-Jaurès
Immeuble les Mercuriales
93547 BAGNOLET Cedex
Tél. : 01 41 63 83 81

Médiateur de la Fédération française des sociétés d'assurances
BP 907
75424 Paris Cedex 09
Tél. : 01 42 47 90 00

Fédération bancaire française
18, rue Lafayette
75009 Paris
Tél. : 01 48 00 52 52

Médiateur de France 2
Maison de France Télévision
7, esplanade Henri-de-France
75907 Paris Cedex 15
Tél. : 01 56 22 42 42

Médiateur de France 3
Maison de France Télévision
7, esplanade Henri-de-France
75907 Paris Cedex 15
Tél. : 01 55 22 30 30

Le conciliateur de justice

À ne pas confondre avec le Médiateur de la République ! Leurs rôles sont totalement différents : le Médiateur de la République intervient dans le traitement d'un dossier impliquant l'administration, tandis que le conciliateur de justice ne peut traiter que des conflits de nature civile, entre personnes privées ou entre particuliers et entreprises. Il est par exemple souvent sollicité suite à des difficultés de voisinage (bornage, droit de passage, mur mitoyen), des conflits entre propriétaires et locataires, des défectuosités de travaux... Son rôle consiste à rechercher un compromis entre les deux parties qui doivent être simultanément présentes lors de la réunion de conciliation. En cas d'accord, le conciliateur de justice fait signer aux deux parties le constat d'accord attestant du fait que l'une d'entre elles renonce à un droit. Un exemplaire de ce constat est ensuite déposé au tribunal d'instance. En cas d'échec, chaque partie est libre de saisir le tribunal. Les coordonnées du conciliateur de justice ainsi que les horaires de ses permanences peuvent être demandés auprès de chaque mairie.

Table

ANNEXES

Mis en pages par DV Arts Graphiques à Chartres.
Imprimé en France par la Société Nouvelle Firmin-Didot
Dépôt légal : octobre 2005
N° d'édition : 460 – N° d'impression : 75897
ISBN 2-74910-460-2